KB274244

어른의 그릇

어른의 그릇

어른의 그릇

조윤제 지음

나를 비우고 뜻을 채우는
52주간의 마음공부

청림출판

지친 하루가 끝나갈 때쯤이면
정리되지 않은 생각과 감정들이
마음의 수면 위로 떠오르곤 했다.

한껏 좁아진 마음을 가득 채운 것은
불안, 우울, 혼란, 두려움 등
나도 어찌할 수 없는 '나'라는 사람
그 자체였다.

그러한 소용돌이가 지나간 뒤
텅 빈 공간에 혼자 있을 때면
공허함만 먼지처럼 남아 내 곁을 맴돌았다.

"이 까다로운 마음을
어떻게 감당해낼 것인가?"

수천 년에 걸쳐 선조들도 같은 고민을 해왔다.
그리고 그들은 자신만의 '마음 그릇'을 만들어
어른의 성품을 담아내는 공부를 하는 데 매진했다.

아무것도 아닌 것처럼 보여도
결국 모든 것을 이루는 삶의 기초,
마음.

이제 어른의 그릇을 빚을 시간이다.

이제 어른의 그릇을 빚을 시간이다.

마음공부는 '어른의 그릇'을 만들어가는 과정이다

지키면 보존되고, 놓으면 사라진다.

때 없이 들고나기에 그 거처도 알 수 없다.

《맹자》에 실려 있는 글로, '마음'을 두고 공자가 했던 말을 맹자가 인용했다. 공자는 그 당시는 물론 지금도 성인聖人으로 인정받는다. 맹자 역시 성인에 버금가는 인물인 아성亞聖으로 불린다. 학문과 수양의 최고 경지에 이른 두 위대한 인물마저 스스로 마음을 다스리지 못해 어려움을 겪었음을 예문을 보며 알 수 있다. 내 것이지만 내 마음대로 할 수 없는 '마음' 때문에 괴로워했던 이들의 사정은 수천 년이 지난 오늘날, 우리에게도 깊은 울림과 공감을 준다. 내가 겪는 마음의 어려움이 나만의 괴로움이 아니라 누구나 겪는 것임을 일깨우기 때문이다.

우리는 또한 이 글에서 마음공부가 얼마나 중요한지를 배운다.

‘지키면 보존된다’라는 구절에서 그렇다. 마음은 놓으면 어디로 갔는지도 모르게 사라지지만 굳게 잡으면 보존할 수 있다. 하지만 안타깝게도 우리는 마음을 지키는 법을 모른다. 그렇기에 ‘마음은 내 것이지만 내 마음대로 할 수 없음’을 날마다 실감한다.

오늘날은 너무나 급격히 변화하는 시대다. 다른 어느 때보다 지식과 정보가 넘쳐나고, 온갖 생각들이 서로 부딪히며 갈등과 혼란을 일으키는 시대이기도 하다. 하루하루 지날 때마다 생각의 흐름이 수없이 달라진다. 마음은 이러한 변화와 다양성의 시대에 휩쓸려 더욱 종잡기 어렵다.

치열한 생존 경쟁의 시대에서 살아남기 위해 겪는 많은 일들, 또 날마다 마주치는 사람들과의 관계, 간절히 바라지만 현실적인 어려움으로 이루지 못하는 인생의 목표, 심지어 삶의 의미와 가치마저 잃어버린 공허함으로 인해 마음은 힘들고 괴롭다. 이러한 때일수록 이미 오래전 우리와 같은 경험을 했음에도 여러 위기를 극복하고 높은 경지를 이루었던 옛 선비들의 가르침이 필요하다.

나의 감정을 다스리면 천하가 평탄해진다

기쁨·노여움·슬픔·두려움·사랑·미움·욕망喜怒哀懼愛惡欲.

이 일곱 가지는 배우지 않아도 자연히 갖추어져 있으니
하늘이 준 본성이다.

《예기》에 실려 있는 글로 사람의 감정을 하늘이 내린 본성으로 정의하고, 일곱 가지로 구분했다.《중용》에서는 우리가 잘 아는 희로애락喜怒哀樂, 즉 기쁨·노여움·슬픔·즐거움의 네 가지로 단순화했으나 철학적 깊이는 훨씬 깊다.

희로애락의 감정이 아직 생겨나지 않은 것을 중中이라고 하고,
그것이 생겨나 모두 절도에 맞는 것을 화和라고 한다.
중은 천하의 근본이고 화는 천하에 통하는 도道다.

마음의 경전이라고 할 수 있는《중용》〈1장〉의 글이다. 여기서 '중'이란 내면이 조용하고 평안한 상태를 말한다. 이때는 어떠한 감정도 욕심도 없이 스스로 잠잠하다. '화'란 감정이 겉으로 조화롭게 드러나 있는 상태다. 하지만 우리는 마음의 평안도, 조화로움도 누리기 힘들어한다. 희로애락의 감정은 물론 희로애구애오욕의 일곱 가지 감정도 우리 감정의 복잡함을 다 담지 못한다.

우리의 감정은 복합적이다. 어느 한 가지로 정의될 수 없을 때도 많다. 우리는 기쁘면서도 슬프고, 즐거우면서도 두렵고, 사랑하면서도 미워하는 감정을 일상에서 많이 느끼며 산다. 심지어 한때는

좋아했지만, 어느 순간 미워서 견딜 수 없는 순간이 오기도 한다. 감정이란 사람과의 관계에서 비롯되기 때문이다.

세상 모든 사람은 변한다. 수시로 변하는 마음 때문에 감정은 요동하고 갈피를 잡기도 어렵다. 자존심, 수치심, 비교의식, 열등감, 자긍심, 우울감 등 명확히 정의하기도 어려운 감정들로 인해 마음은 번잡하다. 이러한 감정을 다스리기 위해서는 마음공부가 절실히 필요하다.《중용》은 이렇게 말한다.

중화中和에 이르면 하늘과 땅이 자리 잡고, 만물이 자라난다.

평상시에 평안한 마음을 누리고 사람과의 관계에서 조화롭게 감정을 발현할 수 있다면 그것은 나 혼자만의 유익에 그치지 않는다. 세상이 평안해지고, 만물이 성장한다. 이는 '가장 가까운 사람과의 관계를 바르게 하는 데서 인의예지仁義禮智가 발현되고, 그러한 바른 관계가 퍼져서 온 천하가 평탄해진다'라는 공자의 주장에 근거한다. 조금 과장된 듯 보이지만 충분히 공감이 된다. 내가 어떤 마음으로 주변 사람을 대하고 바라보느냐에 따라 세상이 달라지기 때문이다. 행복했던 순간에 바라본 세상은 다른 어떤 때보다 아름답게 느껴지지만, 우울한 마음이 가득할 때 바라본 세상은 암흑 그 자체임을 누구나 경험해봤을 것이다.

'마음 그릇'을 어른답게 다루고자 했던
선조들의 태도와 지혜

사람들은 자신이 기르던 닭이나 개를 잃어버리면
그것을 찾으려 하면서도 잃어버린 마음은 찾을 줄 모른다.
학문의 길은 다른 것이 아니라 잃어버린 마음을 찾는 데 있다.

감정에 관한 수많은 심리학적 접근이 있겠지만, 나는 감정의 근원이 되는 마음을 탐구한 《맹자》의 저 한 문장에 주목했다. 맹자는 '마음의 철학자'로 불릴 만큼 마음에 관해 많은 공부를 했고, 그 이론을 체계화했던 사람이다. 그는 사람의 마음은 본성적으로 선하다는 '성선설'과 그것의 근거가 되는 네 가지 선한 마음(측은지심惻隱之心, 수오지심羞惡之心, 사양지심辭讓之心, 시비지심是非之心)을 말했고, 이 마음들을 잘 가꾸고 지켜나갈 때 어른스러운 덕을 쌓을 수 있다고 주장했다.

이 책을 쓰며 나는 '감정의 다스림'부터 맹자가 말한 '선한 마음 지키기'에 이르기까지 '마음공부'를 통해 얻을 수 있는 수양이란 무엇인지 고민했다. 〈사서삼경〉을 비롯해 《관자》《순자》 등의 고전, 그리고 다산 정약용의 저작까지 두루 읽으면서 선조들이 남겨 놓은 마음공부의 핵심적인 문장들을 길어냈고, 그로부터 평범한 사람들도 음미할 수 있는 마음공부의 지혜를 풀어내고자 했다.

마음공부를 나타낼 수 있는 탁월한 상징 중 하나로 '그릇'이 있다. 그릇은 음식을 먹음직스럽게 담아내기 위한 것이다. 항상 깨끗한 상태를 유지해야 하므로 수시로 닦아주어야 하고, 넘치는 것들은 덜어내고 부족한 것들은 채워주어야 쓸모가 있다. 마냥 비워두기만 해도, 무작정 채워 넣는다 해도 그릇은 그 가치를 쉽게 잃어버린다. 그릇 안에 무엇을 버리고 무엇을 담아야 할는지도 전적으로 그 주인에게 달려 있다. 이처럼 '마음 그릇'을 어떻게 다루느냐에 따라 사람의 성품이 결정되며, 이는 삶을 살아가는 근본적인 방법이자 태도가 될 수 있다.

어른은 자신의 품에 맞게 마음 그릇을 빚어내어 그것을 성숙한 방식으로 다룰 줄 아는 사람이다. 요즘 '진짜 어른'을 찾기가 힘든 시대라고는 하지만, 그렇다고 기댈 만한 어른이 나타나길 바라고만 있는 것도 좋은 태도는 아닐 것이다. 강요된 길이 아닌 자신만의 길을 묵묵히 걸어나가면서도, 타인을 향한 너그럽고 온화한 태도를 유지하며, 잘못이 있다면 기꺼이 인정하고 바로잡을 줄 알면서도, 어떤 역경에도 쉽게 절망하지 않고 의연하게 웃을 줄 아는 사람. 그렇게 모두가 자신만의 '어른의 그릇'을 만들어나갈 수 있길 바라는 마음으로 이 책을 썼다.

어른의 그릇은 고난에 직면한 사람들에게 절실히 필요하다. 나 역시 이 책을 쓰면서 개인적으로 여러 고난을 마주했고, 그럴 때마다 마음 그릇을 어른답게 가꾸고자 노력했다. 다산 정약용은 끝을 알 수 없는 귀양 생활을 시작하면서 "어릴 때는 학문에 뜻을 두었으나, 20년 동안이나 세속의 길에 빠져 정치를 하다가 이제야 여가를 얻게 되었다"라고 말했다. '고난'을 '여가'로 생각했다니 믿기 어려울 정도의 마음가짐이다. 다산의 이러한 마음은 어느 순간 솟아난 것이 아니라, 평온한 때나 어려울 때나 마음공부를 쉬지 않았기 때문에 가능했다.

다산이 좌천되어 금정찰방으로 근무했을 때 우연히 얻었던 퇴계의 편지를 보고 그 소감을 이렇게 썼다.

우리가 진실로 마음 다스리는 학문에 유의한다면,
곧 마음 안에 허다한 병통이 있음을 느낄 것이다.
학자가 마음의 병을 깨닫는 경지에 이르지 못하면,
어떻게 다스림이 순조롭고 기운이 조화로울 수 있겠는가.
마땅히 독실하게 탐구하고 살펴야 할 것이다.

우리는 모두 마음의 병을 안고 산다. 의사의 도움이 필요한 경우를 비롯하여 크고 작은 마음의 고통이 있다. 슬픔과 우울은 평소의 삶을 지배하는 감정이 되어버렸다. 분노는 한순간에 튀어나와 우리를 무너지게 한다. 기쁨과 즐거움은 때로 우리를 위로하지만 한편으로는 탐닉하게 만들어 나락에 깊이 빠지게 한다. 이렇게 보면 희로애락의 감정 중 어느 것 하나 만만하지 않다. 결국 나의 감정으로부터 시작해 마음 전반을 이해하고 다스리는 공부가 필요하다.

선조들이 보여준 것처럼 '마음'을 자신만의 것으로 온전히 지켜내면서도 어른다운 삶의 품격을 갖추려면 그 바탕, 즉 '그릇'을 알아야 한다. 모든 일이 잘 되어가며 인생의 황금기를 누리는 사람도, 마냥 평온한 삶을 사는 사람도, 고난에 있는 사람에게도 '마음공부'는 필요하다. 아니, 반드시 해야 한다. 때로는 이른 새벽에, 아침에, 또는 잠자리에 들기 전에 내 마음이 상하지 않았는지 살펴보고, 일상에서 때때로 멈추고 내 마음을 들여다보아야 한다.

《어른의 그릇》은 마음공부를 위한 최소한의 단위로 '주별 읽기'를 제안한다. 한 주에 하나씩 1년에 걸친 독서와 필사의 여정 속에서 자신만의 마음 그릇을 찾고 그것을 어른답게 사용하는 방법을 익힐 수 있길 바란다. 책에서 안내하는 대로 마음 그릇을 빚어내고, 정돈하고, 닦아내고, 키워내는 과정 속에서 삶을 가치 있게 살아가는 소중한 힘을 얻을 수 있을 것이다.

이 책이 누구에게나 존재하는 '어른의 그릇'을 발견하는 데 작게나마 도움이 되었으면 한다.

조윤제

차례

1장

빚어내기

나를 바르게 하는 단단한 마음을 가꾸기

1주 누구에게나 네 가지 선한 마음이 있다

불쌍히 여기는 마음이 없으면,

잘못을 부끄러워하고 악을 미워하는 마음이 없으면,

사양하는 마음이 없으면,

옳고 그름을 가리는 마음이 없으면 사람이라고 할 수 없다.

無惻隱之心 非人也 無羞惡之心 非人也
無辭讓之心 非人也 無是非之心 非人也
무측은지심 비인야 무수오지심 비인야
무사양지심 비인야 무시비지심 비인야

_《맹자》

잘 알려진 대로 맹자는 성선설性善說, 즉 '사람의 본성은 착하다'라는 주장을 펼친 고대 철학자이다. 그는 '인仁'을 핵심 철학으로 삼은 공자의 후계자로 스승의 사상을 체계적으로 정립하고 넓혀가고자 했다. 《맹자》에는 선한 본성을 잃어버리고 살아가는 사람들의 현실과 그에 대한 안타까움 그리고 선한 본성을 회복하라는 가르침이 많이 나온다. 예문은 〈공손추장구상〉에 실린 글로, 실로 핵심적인 구절이라 할 수 있다.

'불쌍히 여기는 마음이 없으면 사람이라고 할 수 없다'는 말은 지나치게 단호하고 단정적으로 보이기도 할 것이다. 하지만 맹자는 고난의 춘추전국시대를 겪는 백성들을 측은히 여기며 그들을 사랑으로 품은 정신적 지도자였다. 다소 거칠어 보여도 그 바탕에는 깊은 사랑이 깔려 있다. 예문이 속한 문장의 전문을 살펴보자.

어린아이가 우물로 들어가는 것을 보았을 때,

누구라도 깜짝 놀라며 불쌍히 여기는 마음을 가진다.

이는 그 부모와 가까이할 마음이 있어서도 아니고,

주위 사람으로부터 명예를 얻기 위함도 아니며,

나쁜 평판을 두려워해서도 아니다. (…)

불쌍히 여기는 마음은 인의 실마리요,

잘못을 부끄러워하고 악을 미워하는 마음은 의로움의 실마리요,

사양하는 마음은 예의 실마리요,

옳고 그름을 가리는 마음은 지혜의 실마리이다.

이 네 가지 실마리는 사람의 사지와도 같다.

사지가 있으면서도 이를 놀리지 못한다면 스스로를 해치는 사람

이다. (…)

이 네 가지 실마리를 넓혀서 채울 수 있다면

불이 처음 타오르고 샘이 처음 솟아나는 것과 같을 것이요,

채우지 못한다면 부모도 제대로 모시지 못할 것이다.

인의예지는 옛 선비들이 추구했던 덕목으로 삶과 학문의 바탕
이 되는 도리였다. 물질과 변화가 아무리 중요한 시대라 해도 인륜
과 도덕은 개인과 사회가 지켜야 할 원칙이라는 데에 이의를 제기
할 수 없을 것이다. 사람을 사랑하고, 올바른 삶을 살기 위해 노력
하고, 예의와 배려로 다른 사람을 대하고, 지식과 지혜로 자신과 세
상을 이롭게 하는 것은 시대를 막론하고 우리의 삶을 지키는 원리
이다. 맹자는 바로 이런 인의예지를 실천하기 위한 바탕이 하늘로
부터 부여받은 네 가지 선한 마음, 즉 측은지심, 수오지심, 사양지

심, 시비지심이라고 보았다. 자신의 선한 본성을 잘 지키는 사람은 인의예지의 태도가 자연스럽게 겉으로 드러나고, 자신의 선한 본성을 훼손시킨 사람은 올바른 삶을 살지 못하게 된다는 말이다.

맹자는 이와 더불어 어떤 삶을 살 것인가, 어떤 그릇이 될 것인가는 모두 자신에게 달렸다고 보았다. 누구나 선한 본성을 하늘로부터 받았기에 선한 삶을 살아가기 위한 바탕은 자기 안에 있다. 단지 강력한 물질의 유혹과 욕심에 굴복하며 선한 본성을 스스로 잃어버리고 있을 뿐이다. 하지만 그런 유혹 속에서도 자신의 마음을 굳건하게 지켜내는 사람도 있다. 모두가 자기 선택에 달려 있다.

끊임없이 생존 경쟁으로 치닫는 지금 이 시대를 살아가며 네 가지 마음을 온전히 지켜내기란 쉽지 않을 것이다. 어쩌면 불가능한 일이라 해도 과언이 아니다. 다만 욕심이 지나쳐 탐욕이 되지는 않았는지, 세상의 유혹에 자신을 내던져버리지 않았는지 항상 돌아보기를 바란다. 내가 지켜야 할 선한 마음을 붙잡는다면, 최소한 자신을 스스로 버리는 자포자기自暴自棄의 삶에는 빠지지 않을 것이다.

2
주

마음은 몸을 일으키고 삶을 움직인다

마음은 몸의 군주요, 신명의 주인이다.

명령을 내리지만 받지는 않는다.

心者形之君也 而神明之主也 出令而無所受令

심자형지군야 이신명지주야 출령이무소수령

_《순자》

맹자는 사람의 몸에서 가장 중요한 것을 마음이라고 했다. 몸은 사소한 것이고 마음은 큰 것이기에 반드시 마음을 소중하게 여겨야 한다고 자신의 책《맹자》〈고자상〉에서 강조했다.

몸에는 귀한 부분과 천한 부분, 큰 것과 작은 것이 있다.
작은 것을 위해 큰 것을 해치지 않아야 하고,
천한 것으로 귀한 것을 해쳐서는 안 된다.
작은 신체 부위를 기르는 자는 소인이 되고,
크고 귀한 부분을 기르는 자는 대인이 된다.

맹자 후대의 철학자인 순자는 여기서 한 걸음 더 나아간다. 마음은 몸의 군주이며, 정신의 주인이라는 것이다.《순자》〈해폐〉에서 순자는 "마음은 선택한 것을 받아들이는 데 금하는 것이 없고, 반드시 스스로 선택하며, 잡다한 사물들을 접해도 지극한 경지에 이르면 헛갈리지 않는다"라고 했다.

사람들이 생각하고, 판단하고, 말하고, 행동하는 것은 모두 마음의 작용이다. 몸은 강제로 굽히거나 뻗게 할 수 있지만 마음은 그렇게 할 수 없다. 오직 마음이 스스로 판단해서 결정한다. 옳고 그름의 기준도 마음이 정하고 그에 따라 판단과 행동이 이루어진다. 따라서 마음은 몸의 주인이며 태도를 담는 그릇 그 자체이다.

　사람은 옳은 길로 갈 때도, 나쁜 길로 갈 때도 스스로 결정한다. 세상을 보고 사물을 판단하는 일도 마찬가지다. 수많은 일들로 번다하지만 마음이 바로 서 있고, 온전히 집중할 수 있으면 자신을 잃지 않을 수 있다. 순자는《시경》의 구절을 인용해 이해를 돕는다.

　나물을 뜯고 또 뜯어도, 납작한 바구니를 채우지 못하네.
　아아, 그리운 님 생각에 바구니도 한 길 위에 버려두네.

　남편을 그리워하는 부인의 마음을 노래한 〈권이〉라는 시인데, 나물 따는 아낙네도 마음이 다른 데로 가 있으면 제대로 일하지 못한다는 뜻이다. 순자는 이 구절을 "마음이 갈라지면 아는 것이 없게 되고, 마음이 기울어지면 깨끗하지 못하게 되며, 마음이 헷갈리면 의혹이 생긴다"라고 설명했다. 마음을 한 군데 집중하지 못하면 바른 배움을 얻을 수 없고, 편견이나 선입견에 가로막히게 되며, 사사로움에 빠져 유혹에 굴복한다는 뜻이다.

　그리고 순자는 해답을 말해주는데, 평범한 사람들이 삶을 살아가는 데 필요한 소중한 지혜이다.

마음으로 깨닫고 증명하면 만물을 아울러 알게 되고,
몸으로 일에 정성을 다하면 곧 아름다워진다.
모든 일은 한 번에 두 가지를 해서는 안 된다.
지혜로운 사람은 하나를 택해 한결같이 한다.

마음과 몸이 함께 작용하면 반드시 뜻을 이룬다. 마음으로 깨달아 세상의 이치를 알게 되고, 그것을 바탕으로 정성을 다해 일하면 반드시 이루고 싶은 바를 이룰 수 있다. 따라서 오직 한 가지를 택해, 온 마음을 다해 일을 해야 한다. 내 마음의 그릇을 키우는 일도 마찬가지다.

모든 일을 이루는 것은 마음이다. 마음이 이끄는 길을 흔들림 없이 따라가면 그 일을 이룰 수 있다. 모든 성취는 내 마음에 달려 있다.

눈과 귀가 아닌
마음으로 보고 들으라

오직 도는 비어 있는 곳에 모인다.
'텅 빔'이 마음을 씻는 일이다.

唯道集虛 虛者心齋也
유도집허 허자심재야

_《장자》

공자의 제자 안회가 공자를 찾아와서 위나라에 가겠다고 청했다.

"위나라 군주는 젊고 독단적이라 백성의 고초가 심하므로 가서 바로 잡겠습니다."

공자가 예전에 제자들에게 "의사에게 병든 사람이 많이 찾듯이 뜻이 있는 선비라면 잘 다스려지지 않는 나라로 가서 다스려야 한다"라고 가르쳤는데, 안회가 그 가르침을 따르겠다는 말이었다. 하지만 공자는 안회가 가려고 하자 정작 만류했다. 이유는 위나라 군주는 폭군이므로 혹여 사랑하는 수제자 안회가 위험을 당할까 염려했기 때문이다.

공자는 안회에게 말했다.

"위나라 군주는 반드시 말로 다투려 할 텐데, 말로 따지게 되면 마치 불로써 불을 끄려 하고, 물로써 물을 막으려는 것이니 싸움을 더하는 꼴이 된다."

말은 반드시 격과 생각이 비슷한 사람끼리 나누어야 서로 이해가 되고 공감이 된다. 만약 수준이 전혀 다른 사람과 대화를 하면 서로 거슬러 말할 수밖에 없고 반드시 파국이 생기기 마련이다. 불에 불을 더하면 불이 더 왕성해지고, 물에 물을 더하면 홍수가 나는 이치와 같다. 상대의 말을 무조건 들어주려면 내 생각을 포기해야 하고, 만약 끝까지 다투면 죽을 수도 있다. 공자는 안회가 결코 자기 뜻과 생각을 포기하지 않는 성품임을 알았기에 결국 위험해 처할 것을 예견했다.

그리고 대화는 길게 이어지는데, 상당히 고차원적이다. 높은 경지의 안회조차 스스로 더 이상 방법을 찾지 못하고 그 해답을 묻자, 공자는 말했다.

"마음의 재계齋戒(몸과 마음을 스스로 깨끗이 정화하는 일)를 하라. 그 첫 번째로 마음의 사사로움을 버려야 한다."

안회가 대답했다.

"집이 가난해서 전혀 술을 마시지 않았고, 채소도 먹지 못한 지 몇 달이 되었습니다. 이와 같으면 재계를 한 것이 아니겠습니까?"

공자는 다시 말했다.

"그것은 제사 지낼 때의 재계이지 마음의 재계는 아니다."

그리고 마음의 재계에 대해 다음과 같이 말했다.

"귀로 듣지 말고, 마음으로 들어라. 마음으로 듣지 말고 기氣로 들어라. 귀는 소리를 들을 뿐이고 마음은 밖에서 들어온 것으로 깨달을 뿐이지만 기는 비어 있으면서 다 받아들인다. 오직 도는 비어 있는 곳에 모인다. '텅 빔'이 마음의 재계다."

귀로 듣는 것은 흔히 하는 말로 곧이곧대로 듣는 것으로, 그 말을 하는 사람의 의중이나 감춰진 뜻은 전혀 알지 못한다. 그다음 마음으로 듣는 것은 말 속의 뜻과 의중을 파악해 아는 것이다. 귀로 듣는 차원보다는 훨씬 높다. 하지만 공자는 그에 머물러서는 안 된다고 말한다. 마음으로 듣는 차원을 넘으라는 것이다. 마음을 비우고 들으라는 뜻인데, 이는 상대의 말에 그 어떤 판단이나 선입견도 없이 듣는 차원이다.

공자는 60세에 달해 이순耳順의 경지에 이르렀다. 즉 귀가 순해졌을 때는 어떤 말을 들어도 감정의 영향을 받지 않고, 얼굴이나 행동의 변화는 더더욱 없었다. 이럴 때 상대방은 이쪽의 생각과 감정을 읽을 수 없게 된다.

이 말을 들은 안회가 말했다.

"처음에 재계하지 않았을 때, 마음에 저 자신이 있었습니다. 하지만 재계하고 난 후에는 애초에 저 자신이 없어졌습니다. 그러면 텅 비었다고 할 수 있겠습니까?"

그 대답을 듣고 공자는 비로소 "다 되었다!"라고 말한다. 역시 공자의 수제자답게 공자가 가르치는 바를 제대로 깨우친 것이다. 덧붙여 공자는 몇 가지 더 가르침을 준다.

"위나라 울타리에 들어가 노닐 때 그 명성에는 무감각해져라. 군주가 들으면 말하고 듣지 않으면 멈춰라."

명성을 날리고자 하는 마음을 비우면 군주에게 굳이 말로 자기 생각을 강요하지 않게 된다. 욕심에 흔들리지 않고 오직 도에 맞게 행동할 수 있게 된다.

그다음 공자가 가르침을 이어간다.

"남에게 부림을 받으면 거짓을 일삼기 쉬우나, 하늘의 부림을 받으면 거짓을 일삼기 어렵다."

이 말은 맹자가 자신의 책 《맹자》 〈고자상〉에서 말했던 말과도 같다.

하늘이 주는 작위가 있고
사람이 주는 작위가 있다.
인·의·충·신·선仁義忠信善을 좋아하기를
게을리하지 않는 것은 하늘이 준 작위다.
공·경·대부公卿大夫는 사람이 주는 작위다.

인작人爵을 추구하면 남에게 부림을 받고, 천작天作을 구하면 하늘의 부림에 따라 일한다. 따라서 인작을 추구하면 사람의 영향을 받아 종속되고, 천작을 추구하면 사람의 눈치를 보지 않고 오직 하늘의 도리인 선한 양심에 따라 일할 수 있게 된다.

마지막으로, 공자는 이렇게 말했다.

"저기 텅 빈 곳을 보게. 빈방이 밝아졌으니 길조는 고요한 데 머문다. 몸은 앉아 있지만 마음은 달려가는 것이다."

여기서 빈방은 마음을 비운 상태다. 이처럼 비운 상태가 되면 그 마음은 밝아지고 고요해진다. 그때 좋은 일이 생긴다.

공자와 수제자 안회의 대화는 '마음을 비우는 것'에 대해 말하지만 실상 그 깊은 의미를 알기는 쉽지 않다. 평범한 우리는 귀로 듣는 일조차 제대로 하기 어렵지 않은가. 실상 우리 삶의 많은 다툼이 말을 제대로 알아듣지 못해서 비롯된다고 해도 과언이 아니다. 그 차원을 넘어 마음으로, 기운으로 듣는 일은 더더욱 실감하기 어렵다. 장자는 이러한 의구심을 마지막 문장에서 조금이나마 풀어준다.

**눈과 귀를 좇지 말고
마음으로 들어라.**

사람은 눈과 귀로 보고 들을 수밖에 없다. 하지만 그에 그치지 말고 마음으로 듣고 보아야 한다. 그냥 놓아두면 어디론지도 모르게 가버리는 마음을 붙잡아 고요하게 할 때 마음 그릇은 바르게 빚어진다. 순간적인 감정에 휩쓸리지 않고, 욕심에 흔들리지도 않게 된다. 세상 만물이 조화롭게 되고 우리의 그릇도 다듬어질 수 있다.

올바른 그릇에 올바른 마음이 담긴다

생명의 근원을 성性이라고 한다.

성이 좋아하고 미워함, 기뻐하고 분노함,

슬퍼하고 즐거워하는 것을 정情이라고 한다.

정이 그러한 가운데 마음心이 선택하는 것은 생각慮이다.

生之所以然者謂之性
性之 好惡喜怒哀樂謂之情
情然而心爲之擇謂之慮
생지소이연자위지성
성지 호오희로애락위지정
정연이심위지택위지려

_《순자》

자로가 공자에게 물었다.

"만약 위나라 임금이 스승님과 정치를 한다면 무엇을 가장 먼저 하겠습니까?"

공자는 이렇게 대답했다.

"반드시 이름을 바로 잡겠다."

약간 애매하다. 정치를 하는데 이름을 바로잡겠다는 말이 무슨 뜻인지 잘 이해가 안 되는 것도 사실이다. 그것을 가장 먼저 하겠다는 말에도 쉽게 공감하기 어렵다. 자로 역시도 그랬다. 그래서 이렇게 되물었다.

"현실에 맞지 않는 것 같습니다. 어째서 그것을 먼저 해야 하는지요."

그러자 공자가 이렇게 꾸짖었다.

"어리석구나, 자로야. 군자는 자기가 모르는 것은 그냥 내버려 두어야 한다. 명분이 바르지 못하면 사리에 맞지 않고, 말이 사리에 맞지 않으면 일이 이루어지지 않는다. (…) 군자는 명분을 바로 세우면 반드시 그에 대해 말할 수 있고, 말하면 반드시 실천할 수 있다. 군자는 말에 대해 구차히 하는 일이 없어야 한다."

공자가 말했던 '이름을 바로잡는다'라는 뜻은 이름에 걸맞은 명분을 세운다는 말이다. 사람으로 따지면 반드시 자기 이름에 합당한 일을 하는 것을 말한다. 그래서 공자는 《논어》에서 몇 번에 걸쳐 자기 이름에 합당하게 행해야 한다고 강조했다. 그중에 대표적인 것이 〈안연〉에 나오는 "임금은 임금답고, 신하는 신하다우며, 아버지는 아버지답고, 아들은 아들다워야 한다"이다. 제나라 군주 경공에게 좋은 정치를 가르쳐준 것인데, 안타깝게도 경공은 그 뜻을 명확하게 이해하지 못해 이렇게 대답했다.

"옳습니다! 진실로 임금이 임금답지 못하고 신하가 신하답지 못하며 아버지가 아버지답지 못하다면, 비록 곡식이 넘쳐나도 제가 얻어먹을 수 있겠습니까?"

공자는 임금을 비롯해 모두가 맡은 바 이름에 걸맞게 제 역할을 다해야 한다고 말했지만, 제경공은 오직 자기 위주로 해석했다. 공자는 대의大義를 말했지만 경공은 군주인 자신을 위해 모든 사람이 충성을 다해야 한다는 사욕私慾을 말했다.

공자와 순자의 시대에 이르기까지, 온갖 사설과 궤변으로 나라를 혼란에 빠뜨리는 사람들이 많았다. 소위 지도층이나 학자라는 사람들 중에 많았기에 올바른 학자들은 이름을 바로잡기 위해 노력했다. 순자도 자신의 책 《순자》에 〈정명〉 편을 두어 명분을 바로 세우려고 했다.

사람의 마음은 태어나면서부터 본성을 타고난다. 마음 심 변忄에 태어날 생生이 합쳐진 글이 바로 본성의 성性이다. 맹자는 성선설을 주장하며 본성이 선하기에 본성에 따라야 인의예지의 덕목에 합당한 도덕성을 발휘할 수 있다고 했다.

　순자는 성악설을 주창했지만, 본성을 바르게 적용해야 한다는 데는 맹자와 생각이 같았다. 인간은 태어날 때부터 마음이 악하기에 그 마음을 선하게 만들기 위해 공부하고 수양해야 한다는 것이다. 맹자는 선한 본성을 지키기 위해, 순자는 악한 본성을 선하게 만들기 위해 노력해야 한다고 했다. 출발은 정반대지만 추구하여 도달하고자 하는 곳은 하나, '선한 도덕성'이다.

　자연이 어떠한 외적인 개입 없이 스스로 그렇게 되는 것처럼 사람의 본성도 스스로 주어진다. 살다 보면 여러 자극을 받는데, 그때 본성에서부터 우러나오는 것이 바로 감정이다. 감정을 다스리기 어려운 이유는 본성의 지시에서 벗어나기 어렵기 때문이다. 옛 선비들은 이러한 감정을 다스리기 위해 끊임없이 공부하고 수양했다.

　맹자는 명命을 본성과 대비하여 설명했다.

　명은 하늘이 준 명령이고, 올바른 도덕성을 따르는 것이다. 설사 좋은 것을 구하고 취하는 것이 본성이라고 해도, 천명이 있기에 절제할 수 있다.

　순간의 감정에 취해 잘못된 결정을 내리는 경우가 많다. 사람이라면 실수를 하기 마련이고, 우리의 선조들도 마찬가지였다. 그러나 그들은 선한 본성에 따라 감정을 조화롭게 발산하면서 배려하는 마음을 끊임없이 연습하고 길러냈다. 그렇게 마음 그릇을 빚어나갈 때 나 자신은 물론 주위 사람들 그리고 세상이 조금씩 평안해진다.

비워낸 마음엔
자유가 찾아온다

사람은 무엇으로 도를 아는가?

마음이다.

마음은 어떻게 아는가?

비어 있고 단일하며 고요하다.

人何以知道 曰 心
心何以知 曰 虛壹而靜
인하이지도 왈 심
심하이지 왈 허일이정

_《순자》

도는 옛 선비들이 따르고자 했던 바른 길이다. 여기서 비롯되어 올바른 덕성을 삶에서 실천하게 된다. 그 도를 알 수 있는 방법은 마음의 작용이다. 순자는 이미 '마음은 몸의 군주'라고 말했다. 사람의 본성은 이익과 욕심을 추구하기 때문에 본래 악한데, 이를 마음이 제어할 수 있다고 했다.

《순자》〈해폐〉에 실린 이 말은 마음의 장벽을 무너뜨려야 하고, 우리 마음을 가로막는 모든 것으로부터 자유롭게 해야 한다는 뜻이다. 선입견, 편견을 비롯한 왜곡된 감정에서부터 중독이나 충동과 같은 마음의 집착, 우울증이나 불안감과 같은 마음의 병에 이르기까지 우리는 모두 이러한 상태에서 벗어날 필요가 있다. 이는 오늘날 신경정신과에서 흔히 다루는 증상들이기도 하다.

순자는 이러한 마음에 문제들에 대해 자신만의 해법을 제시한다. 그는 먼저 바람직한 마음의 상태로 허·일·정虛壹靜 세 가지를 든다.

허虛는 말 그대로 비어 있는 상태다. 마음을 비운다는 뜻은 욕심이나 이익 그리고 유혹에서 벗어난 상태를 말한다. 마음을 비움은 감정에서 자유로운 상태를 포함한다. 마음을 어지럽히는 여러 감정들, 갖고자 하는 욕심에서 벗어나 흔들리지 않는 마음을 유지하는 것이다. 이렇게 할 때 다음 단계로 나아갈 수 있다.

일壹은 마음에 변함이 없는 상태를 유지하는 것이다. 바로 처음과 끝이 '한결같음'의 상태다. 또한 마음을 하나에 집중한다는 뜻이다. 무엇을 이루고 싶은 마음이 있다면 오직 그것에 집중해야 한다. 《예기》에 나오는 입지귀전일立志貴全一, '뜻을 세우려면 마음을 하나에 집중하는 것이 가장 중요하다'는 성어가 그것인데, 도를 아는 수양의 과정에서도 마찬가지다. 오직 한결같음을 유지해야 도에 근접할 수 있다.

마지막으로 정靜이다.《대학》〈경1장〉에도 '마음이 안정되고 잠잠하지 않으면 큰일을 이룰 수 없다'라며 마음의 고요함에 대해서 말하고 있다. 무언가를 이루기 위해서는 반드시 바른 곳에 멈춰야 하고 마음이 정해져야 한다. 그러면 마음이 고요한 상태를 유지할 수 있다.

순자는 이렇게 가르쳤다.

사람은 나면서부터 지능을 지니며 지능이 있기에 기억한다.
기억한다는 것은 저장한다는 것이다.
그러나 또한 비어 있는데, 이미 저장하고 있는 것으로
장차 받아들일 것을 해치지 않음을 '비어 있음'이라고 한다.

마음이란 항상 무언가로 가득 차 있기 마련이다. 여러 상황과 마주하는 감정 때문에 어느 하나에 집중하기 어렵고, 고요함을 유지하기도 어렵다. 아마 누구나 느끼는 감정일 것이다.

순자는 그러한 상태에서도 마음의 평온은 유지할 수 있다고 가르친다. 그 방법은 기존의 선입견이나 편견에 사로잡히지 않고 열린 마음으로 새로운 것을 받아들이는 태도에 있다. 또 마음이 번잡한 중에도 마음에 여유를 갖고 한 걸음 물러서서 상황을 보는 태도에 있다. 주관에 사로잡히지 않고 객관적으로 사물을 보면 자연스럽게 마음에 여유가 생긴다. 바쁘고 힘든 와중에도 한 가지에만 집중할 때 다른 모든 일로부터 자유로움을 얻게 된다. 결국 이 모든 일은 내 마음에 달린 것이다.

《도덕경》에는 "학문은 날마다 채우는 것, 도는 날마다 비우는 것이다"라고 실려 있다. 하지만 우리는 채우는 일에는 익숙하지만 비우는 일은 어려워한다. 그 의미도 잘 모르기에 비우고 싶어도 비우지 못한다. 따라서 날마다 마음의 본 모습, 본성을 생각해야 한다.

그릇이 넓은 사람은 고요한 마음과 검소한 삶의 태도를 가진다. 마음을 맑고 깨끗하게 하지 않으면 밝은 뜻을 세우지 못하며, 안정된 마음이 없으면 그릇을 크게 빚을 수 없기 때문이다. 비움, 한결같음, 고요함이라는 마음의 본성을 지킬 때 비로소 큰 뜻을 펼치고 이상을 이룰 수 있다.

비어 있는 마음은
고요하고, 단일하며,
흔들리지 않는다.

비어 있는 마음은
고요하고, 단일하며,
흔들리지 않는다.

마음이 열리면
모든 것을 보게 된다

만물은 서로 달라서 한쪽으로만 보면
서로 가려지지 않는 것이 없다.
그것이 마음의 공공연한 문제다.

凡萬物異則莫不相爲蔽
此心術之公患也
범만물이즉막불상위폐
차심술지공환야

_《순자》

우리는 진실을 알고 싶어 한다. 사물이나 현상을 정확히 보고 싶고, 그 내면의 감춰진 사실에 대해서도 알고 싶다. 특히 가까이 있는 사람의 내면을 읽을 수 있는 능력은 오늘을 살아가는 데 중요한 덕목으로 꼽힌다. 이는 예전에도 마찬가지였는데, 옛 고전들은 사람을 알아야 훌륭한 지도자가 될 수 있다고 강조한다.

《순자》에 임금의 도는 사람을 잘 알아보는 것이고, 신하의 도는 일을 잘 아는 것이라는 말이 그것을 정확하게 말해준다. 지도자란 세세한 일을 아는 것보다 사람을 잘 알고 쓸 수 있는 능력이 중요하다는 말이다.

그중에서 가장 먼저 알아야 할 사람은 자신이다. 스스로를 안다면 자신의 장점뿐만 아니라 단점, 성품까지 모두 솔직하게 볼 수 있다. 무엇보다도 자신이 하늘과 땅과 함께 가장 소중한 존재임을 인식할 수 있어야 한다. 그리고 이는 다른 사람에게도 마찬가지로 적용된다. 자신이 소중한 만큼 다른 사람도 소중한 존재임을 알고 합당하게 대해야 한다. 하지만 대부분 그렇게 하지 못하는데, 이는 모두 마음의 문제라 할 수 있다.

순자는 사물의 현상이나 눈앞의 사람을 정확하게 보지 못하는 이유는 자기 마음의 연약함 때문이라고 말했다. 그리고 그 심각한 폐해를 이렇게 말한다.

마음을 제대로 쓰지 않으면 희고 검은 것이

바로 앞에 있더라도 그의 눈은 보지 못하고,

천둥소리 북소리가 옆에서 들린다고 해도 귀는 듣지 못한다.

하물며 마음이 딴 것에 부림을 받는 사람은 어떻겠는가?

올바른 사람을 나라를 어지럽히는 임금이 비난하고,

집안을 어지럽히는 사람이 아래에서 비난한다면

어찌 슬픈 일이 아니겠는가?

오늘날 심리학 이론이 말하는 확증편향과 같은 이치다. 확증편향이란 '자신의 가치관이나 신념, 판단 따위와 부합하는 정보에만 주목하고 그 외의 정보는 무시하는 사고방식'을 말한다. 바로 이러한 마음 때문에 나라가 흔들린다고 순자는 주장한다. 여기서 더 나아가 자존심이나 질투 따위의 감정이 작용하게 되면 의도와는 상관없이 마음이 막히게 된다. 이것은 옳고 그름과는 관계가 없다. 설사 정의를 추구하고 옳은 길을 가려고 하더라도 그것에만 집착한다면 오히려 마음은 잘못된 길로 갈 수밖에 없다. 내 그릇 또한 작아질 뿐이다.

욕심은 사람이라면 누구나 있는 본능과도 같다. 욕심에는 옳지 않은 것과 옳은 것이 있다. 자기 이익을 채우기 위해 수단과 방법을 가리지 않고 재물이나 지위 등에 탐닉하는 것은 탐욕으로 이는 옳지 않은 욕심이다. 하지만 도덕성을 높이기 위한 노력, 내가 가진 것을 남에게 베풀려고 하는 마음으로 선행에 애쓴다면 올바른 욕심이라고 할 수 있다. 하지만 선한 욕심을 부리는 데에도 중용의 도가 필요하다. 순자는 또 이렇게 말했다.

"그러므로 욕심에 가려지기도 하고, 미워하는 마음에 가려지기도 하고, 일을 시작한다는 의욕에 가려지고, 일을 끝내려는 조바심에 가려지고, 멀리 있다는 생각에 가려지고, 가까이 있다는 생각에 가려지기도 하고, 넓다는 생각, 가깝다는 생각, 깊다는 생각, 얕다는 생각, 옛 생각, 지금의 생각에 가려지기도 한다."

그 외에도 순자는 마음을 가리는 많은 것들을 말했는데 공감이 간다. 먼저 우리 마음을 흔드는 감정은 좋아하고 미워하는 감정이다. 우리 속담에 '아내가 예쁘면 처갓집 울타리도 예쁘다'라는 속담이 있다. 또한 '중이 미우면 입고 있는 옷까지도 밉다'라는 속담도 있다. 이처럼 사람들은 감정에 따라 마음의 왜곡을 겪는다. 아무리 냉철한 사람이라고 해도 선입견과 편견에서 자유로울 수가 없는 것이다. 공자는 좋고 미운 감정에 대해 〈위령공〉에서 "많은 사람이 미워한다고 해도 반드시 잘 살펴보아야 하고, 많은 사람이 좋아한다고 해도 반드시 잘 살펴보아야 한다"라고 거듭해서 가르친다.

〈리인〉에서는 또 이렇게 말했다.

"오직 인한 사람만이 남을 좋아할 수도 있고, 남을 미워할 수도
있다."

평상시 살면서 좋아하고 미워하는 감정을 쉽게 절제하기는 어렵
다. 하지만 선악의 기준은 바로 세워야 한다. 좋아하고 싫어하는 취
향에 의해 선악의 기준이 좌우되면 우리는 자신을 제어하기 어렵다.

반면 마음이 가려지지 않는 이점에 대해 순자가 말해주는데, 좋
은 가르침이 된다.

형체가 있는 것이라면 보이지 않는 것이 없게 되고,

보이는 것은 조리가 없는 것이 없으며,

조리가 있는 것은 자기 자리를 잃는 일이 없게 된다.

방 안에 앉아서도 온 세상을 볼 수 있게 되고,

현재에 살면서 먼 옛일을 논할 수 있게 된다.

만물을 꿰뚫어 보아 그 실상을 알게 되고,

다스려지고 어지러워지는 일을 참고하고,

고증해 그 법도에 통달하게 된다.

올바른 도리와 순리에 따라 살아가되, 삶의 매 순간마다 그 길이
바른지 자신을 돌아보아야 한다. 너무 의욕에 넘치지는 않는지, 빠

른 결론을 내기 위해 조바심을 내지는 않는지, 너무 느긋하거나 옛날 사고방식에 사로잡혀 정작 오늘의 나를 잃어버리고 있지 않는지를 염두에 두어야 한다.

몸과 마음을 다스려
하늘의 이치를 안다

마음은 가운데 텅 빈 곳을 차지하고,

귀·눈·코·입·육체의 오관을 다스린다.

이것을 천군이라고 한다.

心居中虛 以治五官 夫是之謂天君
심거중허 이치오관 부시지위천군

_《순자》

순자는 전국시대 말기 최고의 학자였다. 스스로 유학의 계승자라고 자임했지만, 성악설을 주장하는 등 여러 이유로 인해 유학자들로부터는 배척당했다. 하지만 제나라의 최고 학문 연구기관이었던 직하학궁의 좨주祭酒(오늘날의 총장)를 세 차례나 역임했고, 유학을 비롯해 도가와 묵가 등 그 당시 많은 학문을 포괄하며 주체적·실용적인 지식을 정립하고자 했다. 특히 그가 주재했던 직하학궁은 후에 진나라 통일의 사상적 배경이 되었다. 여기서 배출된 이사와 한비자는 진나라 통일의 가장 주축이 되는 인물이었다. 한비자는 법가사상의 이론적 토대를 구축했고, 이사는 직접 진나라 통일을 기획하고 실천했다. 이 둘은 순자를 스승으로 모시고 수학했다.

이러한 배경으로 순자의 학문은 가장 현실적이고 실천적이었다. 그가 했던 말 중에 일례를 찾자면 "기우제를 지내지 않아도 비는 온다"라고 주장했던 것이다. 비는 기우제를 지내서가 아니라 올 때가 되었기에 온다는 것이다. 물론 그가 기우제를 지내는 사람의 정성 자체를 부정하지는 않았지만, 기우제란 그 마음을 모으기 위해 행했던 제도와 법규에 불과하다고 말했다.

그가 '마음'에 대해 해석한 것은 이전의 철학자와는 좀 차이가 있다. 이전 철학자들이 형이상학적인 해석에 치우쳤던 반면 그의 해석은 훨씬 현실적이다. 그는 마음과 몸의 관계를 사람들의 제도를 차용해서 해석했다. 그 당시는 물론 오늘날 우리도 쉽게 마음의 실체에 대해 알도록 돕는다.

　다음 예문은 그의 책《순자》〈천론〉에 실린 글이다. 원래는 하나의 문장으로 이어져 있지만, 이해를 쉽게 하기 위해 각 종류별로 나누어서 보자.

- 하늘의 직무가 성립되고, 하늘의 공적이 이루어진 후에 사람의 형체가 갖추어지고 정신이 생겨나서, 좋아함과 싫어함, 기쁨과 노여움, 슬픔과 즐거움의 감정이 깃들게 된다. 이것을 천정天情이라고 한다.
- 귀·눈·코·입·육체는 각각 밖의 것들과 접촉해 기능을 발휘하지만, 그 기능을 서로 바꿀 수는 없다. 이것을 천관天官(몸의 기관)이라고 한다.
- 마음은 가운데 텅 빈 곳을 차지하고, 귀·눈·코·입·육체의 오관을 다스린다. 이것을 천군天君이라고 한다.
- 다른 것들을 적절히 이용해 양육해주고 있는 것을 천양天養이라고 한다.
- 이러한 이치에 순조로운 것을 복이라고 하고, 거스르는 것을 화라고 한다. 이것을 천정天政이라고 한다.
- 그의 마음인 천군을 어둡게 하고, 그의 기관인 천관을 어지럽

히고, 자연의 양육인 천양을 버리고, 자연의 화복인 천정을 거
스르고, 자연의 감정인 천정을 위배하면, 천공天功인 자신을 잃
게 된다. 이것을 대흉大凶이라고 한다.

순자는 사람이 하늘로부터 받은 첫 번째로 '감정'을 꼽았다. 맹자
는 욕심을 비롯해 감정을 극복해야 할 대상으로 보았다면 순자는
본능이기에 순응해야 한다고 보았다.

그다음 몸의 기관이다. 귀·눈·코·입·육체 등 몸을 이루는 모든
것들은 제각기 역할을 부여받았는데, 다른 기관의 일을 겸해서 할
수 없다. 다른 기관에 참견하지 않으니 제 역할을 충실히 할 수 있
는 것이다.

그다음은 마음이다. 마음은 몸을 다스리는데, 인간 세상에서 마
치 군주와 같은 역할을 한다. 마음의 명령에 따라 몸들은 제각각 맡
은 일을 하는 신하이다.

이러한 몸과 마음을 양육하는 일은 하늘의 역할이다. 하늘은 몸
과 마음을 주기도 했지만 양육하기도 한다. 맹자가 키움을 얻는다
면 자라지 못할 것이 없고, 키움을 얻지 못하면 소멸해버리지 않는
것이 없다고 말했던 바와 같다.

이어서 순자는 이러한 몸과 마음 그리고 하늘의 이치에 순응하
면 순조로운 삶을 살 수 있고, 복을 받는 비결이라고 했다. 반대로

이러한 이치를 그르치면 잘못될 수밖에 없는데 심하면 몸과 마음이 허물어지는 큰 화를 만나게 된다고 했다. 순자는 이치에 맞는 삶에 대해 이렇게 말했다.

"사람은 그의 마음인 천군을 맑게 하고, 그의 기관인 천관을 올바르게 하고, 자연의 양육인 천양을 갖추고, 자연의 감정인 천정을 길러서, 그의 몸 천공을 온전히 해야 한다. 그렇게 되면 곧 그가 할 일과 해서는 안 될 일을 알게 된다."

순자에 따르면 좋은 삶, 사람다운 삶을 살기 위한 방법은 먼저 자신의 몸과 마음을 바르게 함이다. 이는 바로 '수양'이다. 몸과 마음을 바르게 수양함으로써 우리는 세상에 나설 힘을 얻는다. 그 힘을 바탕으로 세상을 바르게 하고 나의 그릇도 나답게 빚어갈 수 있다.

<table>
<tr><td>**8**
주</td><td>## 치우치지 않는 마음이
평온한 일상을 지킨다</td></tr>
</table>

하늘이 명한 것을 본성이라고 하고,

본성을 따르는 것을 도라고 하고,

도를 닦는 것을 가르침이라고 한다.

天命之謂性 率性之謂道 修道之謂敎
천명지위성 솔성지위도 수도지위교

_《중용》

'지나침은 모자란 것과 같다'라는 과유불급_{過猶不及}은 공자가 두 제자 자장과 자하를 비교하며 중용의 이치를 가르친 말이다. 자장은 지나치게 적극적인 성품이고, 자하는 소극적인 성품으로 둘 다 중용의 이치에는 합당하지 않았다. 이 고사가 실린 《논어》는 중용에 관한 책은 아니지만, 중용의 덕목에 관한 글들이 많이 실려 있다. 그만큼 중용은 공자가 중요하게 여겼던 덕목 중의 하나였다. '지나치지도 모자라지도 않게, 어느 한쪽으로 치우치거나 편벽되지 않게, 때와 장소를 가려 시의적절하게 생각하고 행동하는 것'은 선비로서 당연히 갖춰야 할 그릇이었기 때문이다.

중용의 이치를 본격적으로 다룬 책은 《중용》으로 공자의 손자인 자사_{子思}가 썼다고 알려져 있다. 자사는 중용에 대한 공자의 가르침을 좀 더 이론적이고 구체적으로 《중용》에서 풀어낸다. 예문은 바로 그 첫머리 글이자 중용의 핵심이라고 할 수 있다. 중용이란 하늘로부터 부여받은 본성, 즉 사람의 '선한 마음'이다. 선한 마음은 하늘로부터 받았기에 사람들은 반드시 그 선한 마음을 잘 가꾸고 간직해야 하며, 많은 욕구와 감정으로부터 잘 지켜야 한다. 잘 지키기 위해 끊임없는 공부와 수양이 필요한데, 그 과정을 '가르침'이라고 일컬은 것이다.

따라서 마음을 지키는 이 과정은 바로 옛 선비들이 자신의 본분이자 유일한 공부라고 했던 수신修身과 같다. 선비들은 이러한 수신을 통해 자신을 성장시키고, 세상에 나가 뜻을 펼치기 위한 준비를 했던 것이다.

그다음 '도'란 이러한 선한 마음을 따라 살아가는 길을 말한다. 하지만 사람이 세상을 살다 보면 욕심과 감정에서 자유로울 수 없다. 선한 마음을 지키기 원하지만 무언가를 갖고 싶은 지나친 욕심과 내 마음을 격동시키는 감정으로 인해 선한 마음이 허물어지기 때문이다. 자연이 길러낸 나무가 사람들의 벌목으로 훼손되듯, 사람의 선한 본성도 해를 입게 되는 것과 같다.

맹자는 제자 고자告子를 가르치면서 "산비탈의 작은 길도 계속해서 꾸준히 이용하면 길이 되지만, 잠시라도 이용하지 않으면 풀로 가로막히게 된다"라고 표현했다. 선하게 살려는 마음도 이와 같다. 늘 마음속에 선함을 간직하고 꾸준히 실천할 때에만 그 본성을 지킬 수 있다. 잠깐만 잊어버리면 길이 가로막히게 된다. 결국 '도'란 우리 마음에 잡풀이 자라지 않도록 꾸준히 노력하고 수양하는 것이다.

인생을 살아가면서 우리도 모르게 빠져드는 유혹과 자신을 잃어버리게 만드는 감정은 우리를 원치 않는 길로 이끈다. 이때 길을 안내하는 이정표가 필요하다. 이정표는 때로는 사람으로, 때로는 책으로, 때로는 우연히 겪는 일로써 우리를 자각하게 해준다. 스스로 어디에 있는지를 일깨워주는 이런 가르침에 민감하게 반응할 수 있어야 길을 잃지 않게 된다.

《중용》〈제1장〉은 예문에 이어서 선한 마음, 즉 중용의 실천 방법을 말해준다.

도라는 것은 잠시라도 떠날 수 없다.
떠날 수 있다면 그것은 도가 아니다.

그러므로 군자는 다른 사람들이 보지 않는 곳에서도 경계하고 삼가며, 다른 사람이 듣지 않는 곳에서도 두려워한다.

이는 사람들과 함께 있을 때뿐만이 아니라 사람들이 없는, 혼자 있는 곳에서도 중용을 지켜야 한다는 뜻이다. 우리는 여기서 《중용》에서 가장 중요한 개념인 '신독愼獨'에 대해 알 수 있다. 사람들이 볼 때나 보지 않을 때나 변함없이 자신의 신실함을 지킬 수 있는 사람은 군자다. 하지만 소인들은 그 태도가 달라진다. 사람이 볼 때는 정직하고 신실한 척하지만, 보는 눈이 없으면 잘못된 행동을 한다. 이것은 오늘날 우리의 태도를 살펴볼 때 예외 없이 적용된다. 주위에 사람이 없는지, 있는지에 따라 잘못을 사소한 것이라며 넘길지, 그렇지 않을지가 많이 달라짐을 느낄 것이다.

일상을 살다 보면 끊임없이 감정을 자극하는 일이 있고, 그 일을 만드는 사람이 있다. 마음을 뒤흔들고 평온한 마음을 잃게 만드는 일들이 생긴다. 감정을 다스리지 못하고 발산함으로써 큰 곤란을 겪기도 하고, 감정을 묵혀 둠으로써 마음의 병이 되기도 한다.

감정을 다스리려면 먼저 그 감정이 드러나기 전의 상태, 즉 평상시의 마음을 다스리는 것이 우선이다. 평상시 마음이 악함에 치우쳐 있거나, 사욕 때문에 욕심에 치우쳐 있거나, 비뚤어진 마음 때문에 편견과 선입견에 사로잡혀 있다면 외부의 반응에 조화롭게 대응할 수 없다.

치우치지 않는 마음이 평온한 일상을 지킨다. 내 그릇 또한 감정에 뒤흔들리는 불안한 상태가 아니라 평온함에 머물 때 단단해지고 쓸모가 생긴다.

험한 산도 자주 다니면
길이 되지만,

잠시라도 이용하지 않으면
풀로 뒤덮이고 만다.

존엄성은 마음을
지키는 데서 나온다

하늘과 땅과 함께

삼재의 하나가 되었음은

오직 마음이 있기 때문이다.

參爲三才曰惟心爾

참위삼재왈유심이

_《심잠》

사람은 존귀하다. 어찌 보면 당연한 이야기이지만 세계 곳곳에서는 사람의 존엄성을 훼손하는 일이 여전히 벌어지고 있다. 이는 사람을 목적이 아닌 하나의 수단으로 보는 가치관 때문에 벌어진다. 물질을 얻기 위해, 남다른 성공을 위해, 나의 이익을 위해 다른 사람을 이용하는 모든 행위로 인해 존엄성이 훼손된다. 사람이 사람다울 수 있고 사람다운 그릇을 갖추려면 존엄성 회복이 우선되어야만 한다.

송나라 때, 학자 범준은 인간의 존엄성에 대해 앞에 예문처럼 썼다. 이 글은 《심잠》에 실려 있는데, 그 글의 전문은 아래와 같다.

아득하고 아득한 천지여, 굽어보고 우러러보아도 끝이 없다.
사람은 그 사이에 지극히 미미한 몸뚱이 하나 갖고 있으니
이 몸의 미미함은 마치 큰 창고에 한 톨 낱알에 불과하다.

그래도 하늘과 땅과 함께 삼재의 하나가 되었음은
오직 마음이 있기 때문이다.

거대한 우주에 비하면 사람의 몸은 극히 미미하다. 오늘날에도 계속 밝혀지는 우주의 광대함에 비하면, 사람의 몸은 범준이 말했던 '큰 창고에 한 톨 낱알'로도 제대로 설명할 수 없다. 아홉 마리 소들 중에 박힌 털 하나라는 구우일모九牛一毛라는 고사 역시 보잘것없는 존재의 한계를 드러낸다. 하지만 그 뒤가 중요하다. 예문처럼 미미한 육신을 가진 존재인 사람도 위대한 존재가 될 수 있다. 사람이 딛고 선 땅과 광대한 하늘과 세상천지를 이루는 중요한 근본이 되는 것이다. 바로 《주역》이 말하는 삼재사상三才思想이다. 〈계사전〉에는 이 천지인天地人 삼재사상이 고스란히 녹아 있다.

하늘의 길이 있고 사람의 길이 있고 땅의 길이 있다.
이 세 가지 근본을 두 가지로 나눈다.

사람들이 자신의 존엄성을 잃어버리게 되는 것은 하늘이 준 선한 본성인 마음을 보존하지 못하기 때문이다. 몸의 편안함과 물질의 유혹에 빠져 마음을 잃어버린 사람은 자신의 존엄성마저 잃어버리게 된다.

동서고금의 철학자들은 그 표현은 달라도 모두 마음을 지켜 존엄성을 회복하라고 권하고 있다. 아마 모든 철학이 그것을 최종 목적으로 삼는지도 모른다. 공자는 인의예지의 철학을 강조하며 사람이 사람다울 수 있으려면 마음을 지켜 처신을 올바르게 해야 한다고 강조했다.

공자의 철학을 이어받은 맹자는 그것을 체계화하여 "사람의 본성은 선하다"라는 성선설을 확립했다. "사람의 모든 도덕성은 선한 마음을 근본으로 한다"라고 하며, "물욕으로 잃어버린 마음을 찾는 것이 학문의 목적이다"라고 말했다.

서양 철학도 사람은 존엄하다는 명제를 바탕으로 한다. 중세 철학자인 파스칼은 "사람은 생각하는 갈대다"라는 통찰 위에서 사람은 그만큼 연약하지만 생각할 수 있기에 존엄하다고 했다. 따라서 사람은 반드시 올바르게 생각하고 행동함으로써 사람됨의 근본인 도덕성을 지켜야 한다는 것이다. 고대 서양 철학자 키케로 역시 "사람을 특징짓는 것은 '존엄'이다"라고 말했다.

하지만 오늘날을 살아가는 사람들은 이익을 추구하지 않을 수 없다. 극심한 물질주의와 자본주의 논리가 팽배한 시대에 휩쓸리지 않기란 매우 어렵다. 아무리 도덕적인 삶을 산다고 해도 생계를 위한 이익추구를 배제할 수는 없는 시대이다. 그럼에도 우리에게는 지켜야 할 선이 있고, 그것은 인간을 향한 존엄성이라고 고전은 말한다.

《도덕경》에는 "사람을 아는 것은 지식이고, 자신을 아는 것은 명철함이다"라고 실려 있다. 험난한 세상에서 존엄함을 지키고 지혜롭게 살아내기 위해서는 사람에 대해 알아야 하고, 그중에서도 자기 자신을 알아야 통찰력 있는 삶을 살 수 있다는 말이다.

그에 따른 행동의 요강으로《맹자》에 실린 자포자기自暴自棄의 성어를 살펴보자. 이 성어는 인생을 살아가며 그 어떤 어려운 상황에 처하더라도 자신을 포기해서는 안 되고, 자신을 버려서도 안 된다고 말한다. 하늘이 준 존엄함을 스스로 버리는 것이야말로 최악의 선택이라는 뜻이다.

어떤 상황에서도 마음을 지키려면 자신의 소중함을 알고, 스스로 그 존엄성을 지켜야 한다. 18세기 독일의 철학자 칸트는 이렇게 말했다.

"자신을 벌레로 여기는 사람은 짓밟히는 것에 대해 불평할 수 없다."

훌륭한 성품은 나의 존엄성과 타인의 존엄성을 지키는 데서 나오며, 그로부터 훌륭한 그릇의 자질이 결정된다.

마음을 하나로 모으면
탁월함에 이를 수 있다

핵심은 마음을 하나로 통일하는 것이다.
하나로 통일한다는 것은 욕심이 없는 것이다.

一爲要 一者 無欲也
일위요일자 무욕야

_《통서》

　주자周子는 우리가 잘 아는 주자朱子 이전의 송대 철학자로, 주자가 성리학을 체계적으로 정립하는 데 영향을 주었다. 예문은 성학聖學, 즉 '학문과 수양의 탁월한 경지'를 이룰 수 있느냐에 대한 대답이다. 여기서 성학이란 공자가 말했던 나면서부터 모든 것을 아는 생이지지자生而知之者를 말하는 것이 아니다. 배움을 통해 높은 경지에 이른 학이지지자學而知之者를 말한다. 그 경지에 이를 수 있는 방법을 주자가 자신의 저서인 《통서》에서 예문에 이어서 이렇게 말했다.

마음을 하나로 통일하는 것이다.

하나로 통일한다는 것은 욕심이 없는 것이다.

욕심이 없으면 고요할 때 텅 비고, 움직일 때는 곧고 바르다.

고요할 때 텅 비면 밝고, 밝으면 통한다.

움직일 때 곧으면 공명정대해지고, 공명정대하면 넓다.

밝아서 통하고 공명정대해서 넓어지면

거의 탁월함에 가깝다고 할 수 있다.

이익과 유혹에 흔들릴 때 사람의 마음은 하나로 집중이 될 수 없다. 여러 생각에 들끓고, 이때는 정작 자신이 추구하는 일에도 집중할 수 없게 된다. 일도 학문도 수양도 마찬가지다. 수양의 최고 경지인 탁월함에는 더더욱 도달할 수 없다.

주자는 당대의 학자 중에서도 욕심을 버리라고 엄격하게 말했다. 하지만 탁월함에 이르는 길이 보통 사람에게 거의 불가능하듯이, 마음을 그 수준에 이르게 하는 길 역시 불가능에 가까울 정도로 어려울 수밖에 없다. 주자는 〈양심설〉에서 이렇게 말했다.

내가 생각하건데 마음을 길러냄은

욕심을 줄이는 데 그치는 것이 아니고,

욕심을 완전히 줄여 하나도 남겨두지 않는 것이다.

욕심이 없게 되면 진실함이 확립되고, 밝음이 통하게 된다.

진실함이 확립되면 현賢이요,

밝음이 통하는 것은 성聖이다.

이를 보면 성인과 현자聖賢는 천성이 아니요

마음을 길러서 이르게 되는 경지이다.

이렇게 욕심이 없는 단계에 이르면 사람의 마음은 '고요할 때는 텅 비고 움직일 때는 곧고 바르게' 된다. 무념무상無念無想의 상태, 즉 세상의 일, 욕심과 유혹이 전혀 개입하지 못하고 온전한 마음의 상태가 된다. 이때 사람의 마음은 하늘이 준 본성 그대로를 유지할 수 있다. 어두움이 걷히고 밝아진다. 넓은 마음으로 사람을 대하고, 스스로 곧고 바르게 행동함으로써 올바른 덕성을 지켜나간다. 이때 사람들의 존경과 사랑을 받게 되고 성인에 가깝게 이른다. 이는 《중용》에 실린 글에서도 잘 나타난다.

오직 천하에 지극히 정성스러운 사람이
자신의 본성을 숨김없이 드러낼 수 있다.
사람의 본성을 드러낼 수 있으면
만물의 본성을 드러낼 수 있다.
만물의 본성을 남김없이 드러낼 수 있으면
하늘과 땅의 화육을 도울 수 있으며 천지와 하나가 된다.

《중용》의 정성은 곧 탁월함이다. 자신의 선한 본성을 모두 드러내고, 행하든 행하지 않든 사람과 만물의 선함을 드러내게 하는 사람, 하늘과 땅과 하나를 이루는 사람은 곧 성인이다.

인간으로서의 최고의 경지를 뜻하는 성聖은 서양 철학에서는 '아레테arete’의 개념이라고 할 수 있다. 흔히 ‘탁월함’이라고 번역되는데, ‘사물이나 사람이 가진 탁월하고 유능한 성질’을 뜻한다. 좁은 의미로는 ‘인간의 도덕적 탁월성’이다. 동서양을 막론하고 뛰어난 사람들은 성 또는 도덕적 탁월함을 추구했다. 하지만 오늘날은 물론 그 당시에도 평범한 사람들은 오직 부와 성공을 최상의 가치로 여겨 원하고 추구했다.

《논어》〈술이〉에서 공자는 “성인과 인인仁人은 어찌 감히 내가 된다고 말할 수 있겠느냐? 하지만 그 도리를 배우고 본받는데 싫증내지 않고, 그것을 다른 사람에게 가르치는 데 게을리 하지 않는다고는 말할 수 있다”라고 말했다.

공자도 학문과 수양의 노력을 그만두지 않음으로써 ‘탁월함’에 이를 수 있었다.

11주 한결같은 마음은 일희일비하지 않는다

스스로 자기 마음을 섬기는 자는

눈앞에 벌어지는 일로

슬픔과 기쁨의 감정이 생기지 않는다.

自事其心者 哀樂不易施乎前
자사기심자 애락불이시호전

_《장자》

섭공자고葉公子高가 제나라에 사신을 가게 되었을 때 공자를 찾아와 물었다.

"초나라 왕의 사신으로 가는 것은 매우 막중한 일입니다. 하지만 제나라가 저를 맞을 때는 겉으로는 정중하겠지만 제가 말하는 것을 그리 중히 여기지는 않을 것 같습니다. 선생님께서는 '일이 설령 이루어지지 않으면 반드시 인간 도리상의 근심이 있을 것이고, 이루어지면 반드시 음양의 근심이 있을 것이다. 이루어지든 이루어지지 않든 그 근심이 없는 것은 오직 덕이 있는 사람만 할 수 있다'고 하셨습니다. 저는 아직 일을 하지도 않았는데도 음양의 근심이 있습니다. 이는 근심이 겹친 것으로 신하된 자로서 감당할 수 없으니 제게 가르침을 주십시오."

사신이 왕의 명을 받아 갔을 때 일을 이루지 못하면 반드시 형벌이 뒤따르게 된다. 이를 걱정하는 마음이 바로 인간 도리에서 비롯된 근심이다. 사람들은 그 내막이나 과정을 보기보다는 결과만을 보고 따져서 성공 여부를 결정하기 때문이다. 만약 일이 성사되면 기쁘겠지만, 기쁨과 슬픔 등 감정적인 마음 역시 근심(음양의 근심)이 되기 마련이다.

성공은 당장의 기쁨이 될 수는 있겠지만 어느새 계속 성공할 수 있을지, 더 잘해야만 하는 것은 아닐지 하는 근심이 생겨난다. 또한 성공을 위해 온힘을 다하다 보면 건강을 해칠 수도 있다. 따라서 공자는 일을 이루든 그렇지 않든 그 둘의 근심에서 벗어날 수 있는 것은 오직 덕이 있는 사람만이 가능하다고 가르친다. 바로《논어》에서 말하는 인자무우仁者無憂가 바로 그것이다. 사랑이라는 큰 도리를 추구하는 사람은 눈앞에서 벌어지는 상황에 일비일희하지 않을 수 있다.

《장자》〈추수편〉에 실린 '곤궁에는 운명이 있음을 알고, 형통에는 때가 있음을 알고, 큰 어려움에 처해도 두려워하지 않는 것이 성인의 용기다'라는 성어가 말해주는 바와 같다. 공자와 자로의 일화에서 확인해보자.

공자가 위나라에서 광匡 지역을 지날 때 위험에 빠졌다. 공자가 그 위기 중에서도 태연하게 거문고를 타는 모습을 보고 제자인 자로가 "어떻게 이 상황에서 즐거울 수 있으십니까?"라고 따지듯이 물었다. 그러자 공자가 대답했다.

"위기도 형통도 때가 있으므로 묵묵히 때를 기다린다면 어떤 고난도 이길 수 있다."

공자의 말은 고난과 형통이 모두 정해졌기 때문에 별다른 노력을 할 필요가 없다는 뜻이 아니다. 어떤 어려움 속에서도 좌절하지 않고 두려워하지 않고 조용히 때를 기다리는 것이 진정한 용기이며, 그럴 때 그 고난을 극복할 힘과 기회가 생긴다는 뜻이다. 이런 자세를 지니면 곤궁에 처해도, 형통을 누려도, 어려움에 처해도 그것에 흔들리지 않고 잠잠히 자신의 마음을 지킬 수 있다.

이어서 공자는 섭공자고에게 계속해서 가르침을 주는데, '말'에 관한 지혜로 오늘날 우리에게도 큰 도움이 된다.

"두 나라의 군주를 모두 기쁘게 하고, 모두 노하게 하는 것은 천하에 가장 어려운 일이다."

대화는 상대적이다. 특히 중간에서 말을 전하는 경우는 더욱 그렇다. 둘 다 기쁘게 하려면 찬미하는 말이 넘치게 되고, 둘 다 노엽게 하려면 싫어하는 말이 넘치게 된다. 당연히 지나친 말과 꾸미는 말, 즉 거짓은 듣는 사람으로 하여금 의심을 품게 만든다. 말을 전할 때도 지나침도 모자람도 없는 과유불급을 지켜야 하는 것이다. 그리고 공자의 가르침은 계속된다.

처음에는 좋은 마음으로 시작하다가
끝에 가서는 비루해지고,
시작할 때는 단순한 일이
끝에 가서는 큰일이 된다.

시종일관始終一貫이라는 말이 있다. 처음과 끝을 한결같이 한다는 말인데, 보통 어려운 일이 아니다. 중간에 여러 영향을 끼치는 일이

개입하기도 하고, 무엇보다도 사람의 감정이 상황에 따라 수시로 변하기 때문이다. 일이 잘되는 것 같으면 욕심이 생겨서 지나치게 되고, 일이 잘 되지 않으면 무리하게 된다. 특히 말에서 이런 현상이 더욱 심하다. 좋은 시작이 나쁘게 되고, 단순한 일이 복잡해지는 것이다.

공자는 마지막으로 《법언》의 말을 인용하여 결론을 내린다.

인위적으로 꾸며서 제나라 군주에게 말할 필요가 없으며,
가장 좋은 것은 초나라 왕으로부터 받은 명을 그대로 좇는 것이다.
들은 대로 전하는 것이 뭐가 어렵겠는가?

말을 더하고 싶고, 꾸미고 싶은 충동을 누를 수 있는 것은 마음이다. 욕심과 탐욕을 배제한 마음이 그 해답이 된다. 어른의 그릇은 그렇게 만들어져간다.

마음을 지혜롭게 쓰면
내가 하지 않아도 된다

마음이 그 도에 맞으면 감각기관은

도리에 따라 순조롭게 기능하지만,

기호와 욕망에 가득하면

눈은 색을 보지 못하고 귀는 소리를 듣지 못한다.

心處其道 九竅循理 嗜欲充益 目不見色 耳不聞聲
심처기도 구규순리 기욕충익 목불견색 이불문성

_《관자》

관중은 환공을 도와서 제나라의 부흥을 이끈 명재상이다. 우리에게는 포숙과의 우정을 뜻하는 관포지교管鮑之交로 잘 알려져 있다. 처음에는 환공의 적이었으나, 권력 다툼에서 패한 후 죽을 위기에 처했지만 포숙의 도움으로 제나라의 재상이 될 수 있었다. 관중의 등용을 꺼리는 환공에게 포숙은, "만약 공께서 제나라의 임금에 만족하신다면 제가 도울 수 있습니다. 하지만 천하를 제패하는 왕이 되고자 하신다면 관중을 기용하여야 합니다"라고 말함으로써 그 마음을 돌리게 했다.

《관자》는 관중이 쓴 책으로 유학과 법가, 병가 등에 영향을 주었다. 그는 "나라는 덕으로 통치해야 한다"라는 공자의 철학과는 달리 경제적인 부흥을 추구하는 실용적인 통치를 주장했다.

"곳간이 가득 차야 예절을 알고, 먹고 입는 것이 풍족해야 영예와 치욕을 알며, 군주가 예법을 잘 지켜야 부모, 형제, 처자가 화합한다"라고 주창하며 예의염치禮義廉恥를 기반으로 하는 문화정책을 펼침으로써 제나라의 전성기를 만들었음은 물론 이웃 나라들에게도 경제적 영향을 끼쳤다. 그로 인해 후세 유학자들에게는 좋은 평가를 받지 못했지만, 공자는 관중을 냉철하게 평가하며 그의 단점은 물론 장점도 분명하게 인정했다.

〈헌문〉에 실린 고사다.

제나라 환공이 공자 규를 죽이자

소홀은 그를 위해 죽었습니다.

하지만 관중은 죽지 않았으니,

그는 인한 사람이라 할 수 없겠습니다.

관중과 소홀은 환공의 대적이었던 공자 규의 편에 있었다. 소홀은 주군인 규를 따라 자결했지만, 관중은 죽지 않고 끝까지 목숨을 지켰다. 관중을 비난하는 자로의 말에 공자가 "환공이 제후들을 규합하면서 오직 군사력만으로 하지 않은 것은 관중의 힘이었다. 그만큼만 인하면 되리라!"라고 대답했다. 환공이 권력자들을 모아 패왕이 되는 과정에서 군사력에만 의존하지 않았고, 덕으로 통치하는 데에도 힘을 기울였기 때문에 관중은 그것만으로도 인한 사람의 자격이 있다는 말이다. 뒤이어 자공이 "관중은 인한 사람이 아닙니다. 환공이 공자 규를 죽였는데, 따라 죽지도 않고 오히려 환공을 도왔습니다"라고 말하자 공자는 아래와 같이 대답했다.

"관중이 환공을 도와 제후의 패권을 잡게 하여 천하를 바로잡았고, 백성들이 지금에 이르도록 그 은혜를 받고 있다. 관중이 없었더라면 우리는 오랑캐가 되었을 것이다. 어찌 평범한 사람들이 사소한 신의를 지키기 위해 스스로 목매어 죽은 뒤, 아무도 알아주는 사람이 없는 것과 같겠느냐?"

공자는 관중이 큰 가치를 추구하는 사람이기에 보통 사람들과 같이 가볍게 죽을 사람이 아니라고 말한다. 관중은 이후로 제나라를 부강한 나라로 만들었고, 강한 군대를 육성하여 패권국으로 우뚝 서게 만들었다. 이처럼 큰 뜻이 있는 사람은 작은 도리를 지키기 위해 자기 목숨을 쉽게 버리지 않는다.

《관자》의 '마음의 기술心術' 편에 담겨 있는 글이다. 실용주의자답게 마음에도 기술이라는 말을 붙였다. 마음도 모든 일에 도움이 되도록 사용할 수 있어야 한다는 뜻이다. 하지만 그 글에는 단순한 처세나 방법을 넘어 깊은 뜻이 담겨 있다.

관중은 '마음이 몸의 주인'이 된다고 말했고, 다른 모든 감각기관은 마음의 명령을 따라야 한다고 말했다. 하지만 마음이 욕심을 탐하고, 감정에 흔들리고, 자기 취향에만 집착한다면 몸은 따르지 않는다. 눈은 제대로 보지 못하고, 귀도 듣지 못하게 된다. 주위의 충고도 들리지 않고, 아무리 좋은 이야기를 들어도 받아들이지 못하게 되는 것이다. 관중은 이에 대해 이렇게 말했다.

"왜 말처럼 뛰어가려고 발버둥 치는가? 네가 뛰지 말고 말을 시켜서 잘 뛰게 하면 그만이다. 왜 새처럼 날려고 발버둥 치는가? 새로 하여금 그 날갯짓을 다하게 하면 된다. 사물 앞에서 움직이려 하지 말고 그 규칙을 관찰하라. 함부로 움직이면 지위를 잃고 고요히 사유하면 저절로 얻게 된다."

무언가를 하려면 무조건 뛰어들어서도, 모두 내가 해야 한다고 생각해서는 안 된다. 주위의 도구를 잘 활용하면 그들이 모든 일을 다하게 된다. 그리고 무엇보다도 생각을 해야 한다. 올바른 도리 위에 바르게 서야 한다. 그 시작은 욕심을 버리고 마음을 평안하게 하는 것이다. 마음의 평안은 깊은 수양의 방법이기도 하지만 일을 이루게 하는 방법이기도 하다.

13
주

충실한 일상이
원대한 이상을 이룬다

무릇 마음은 스스로 채우고 스스로 차며

스스로 생기고 스스로 이룬다.

그것을 잃는 이유는 반드시 근심과 즐거움과 기쁨과 노함과

욕심과 이익 때문이다.

凡心之形 自充自盈 自生自成 其所以失之
必以憂樂喜怒欲利
범심지형 자충자영 자생자성 기소이실지
필이우락희로욕리

_《관자》

왜 우리는 마음이 흔들리는가? 아마 대부분 무언가 가지려는 욕심과 나를 흔드는 감정 때문일 것이다. 번잡한 생각과 이루 말할 수 없는 근심으로 인해 사람들은 괴로워하고 힘들어한다. 이는 오늘을 살아가는 평범한 우리에게만 해당하지 않는다. 아주 오래전부터 수천 년에 걸쳐 존경을 받은 군자들도 마음의 문제 때문에 힘들었다. 그래서 공부와 수양을 통해 이에서 벗어나기 위해 평생을 노력했고, 그 깨달음을 전하기 위해 책으로 남겼다. 〈사서삼경〉을 비롯해 많은 고전들이 거의 모두 마음과 씨름한 결과라고 해도 과언이 아니다.

《관자》에 실린 예문도 같은 가르침을 말하고 있다. 마음을 잃고 얻음, 비우고 채움은 모두 나에게 달려 있다. 하지만 마음이 내 것이라고 해도 내 마음대로 되지 않는다. 심지어 어떤 마음을 가져야 할는지, 마음을 잃어버린지도 모른 채 살아가는 인생이 우리 모습일지도 모른다.

관중은 마음을 잃고 흔들리는 이유를 희로애락의 감정과 이익을 추구하는 욕심 때문이라고 말한다. 여기서 '스스로' 벗어날 수 있다면 이러한 어지러움은 곧 사라진다.

관중은 춘추시대의 사람인 만큼 공자보다도 훨씬 전의 사람이다. 따라서 공자 이후 많은 유학자들이 그의 사상에 영향을 받았다고 볼 수 있다.《관자》라는 책도 온전히 관중의 저작이 아니라 후세 많은 학자들이 가필하고, 새롭게 추가한 책이라는 것이 정설이다. 아마 후세 학자들 역시 관중의 생각과 철학에 대해 공감했기에 글을 추가해 책을 완성했을 것이다.

《관자》에는 마음을 바르게 쓸 수 있는 방법이 실려 있다.

마음은 작아야 하고, 뜻은 커야 한다.
마음은 섬세해야 하고, 뜻은 밝아야 한다.

마음은 고요해야 하고, 뜻은 순수해야 한다.
마음은 한결같아야 하고, 뜻은 곧아야 한다.

먼저 마음은 작아야 한다는 의미는《당서》에 실린 담대심소膽大心小의 성어에서 그 의미를 생각해볼 수 있다. 담대심소는 원래 당나라의 문인 손사막이 했던 말로, 담대함과 세심함을 함께 뜻하는 말이다. 기본적으로 문장을 지을 때 지녀야 하는 마음가짐을 말한 것이지만, 삶에도 적용할 수 있는 소중한 덕목이다. 멀리 내다보며 원대한 이상을 가져야 하지만 현실에도 충실해야 한다. 겸손한 마음으로 충실한 일상을 살아갈 때, 그 일상이 쌓여서 원대한 이상이 이루어져가는 것이다.

'마음은 섬세하게 뜻은 밝게'라는 문장은 담박하지 않으면 뜻을 밝힐 수 없고 고요하지 않으면 멀리 이를 수 없다는 의미로 생각할 수 있다. 삼국지의 영웅 제갈량이 아들에게 남긴 〈계자서〉에 있는 글로, 맑고 깨끗한 마음으로 욕심을 멀리 하되 반드시 깨끗하고 명확한 뜻을 품고 추구해나가야 한다는 뜻이다.

〈계자서〉의 다음 구절인 "고요하지 않으면 멀리 이를 수 없다"는 마음의 상태, 즉 "마음은 고요해야 하고, 뜻은 순수해야 한다"와 어울리는 문장이다. 마음의 평정을 지켜야 원대한 목표를 향해 나아갈 힘을 얻는다. 그 이루고자 하는 뜻은 순수하고 바르게 지켜야 한다.

마지막으로 '마음은 한결같이 뜻은 곧게'는 정성과 성실로 일을 추구하되 왜곡된 뜻을 추구해서는 안 된다는 말이다. 정성으로 일하게 되면 다른 곳으로 마음을 돌릴 여유도 틈도 없다. 하지만 그 추구하는 뜻은 반드시 올바르고 정직해야 한다. 어떤 일을 하든 정성으로 일을 하게 되면 이루게 되기 때문이다. 설사 바르지 못한 뜻이라고 해도 성취될 수 있으므로 가장 먼저 해야 할 일은 뜻을 바르게 세우는 것이다.

《관자》에서는 이렇게 결론을 내려준다.

마음의 실상은 편안하고 조용함을 이롭게 여긴다.
번잡하게 하지 않고 어지럽게 하지 않으면
조화가 저절로 이루어진다.

분명하여 바로 곁에 있는 것 같고,
흐릿하여 얻지 못할 것 같고 아득하여 무한을 다한 듯하다.
그것을 잘 살피면 먼 곳에 있지 않으며,
그 덕은 날마다 쓸 수 있다.

날마다 마음을 다스리기 위해서는 따로 시간을 내어 멀리 갈 필요도 없다. 하루하루 살아가는 일상에서 지켜나가면 된다. 사람을 대하고, 어렵고 힘든 상황을 대하며 마음이 흔들릴 때 잠깐 호흡을 멈추고, 한 걸음 물러서면 마음은 한결 편안해진다. 그리고 밤이든 새벽이든 혼자 있는 순간에 평단지기平旦之氣, 즉 '하늘이 주는 새로운 힘'으로 채울 수 있다면 마음 그릇은 지켜질 것이다.

정성으로 마음 그릇을 빚어
바르고 성실한 뜻을 담는다면
못 해낼 일이 없다.

2장

정돈하기

어지러운 생각을 가지런한 태도로 다듬기

남이 보지 않을 때
마음공부가 시작된다

그대가 방에 홀로 있을 때에도 살펴야 하니

이때는 방구석에도 부끄러움이 없어야 한다.

드러나지 않는 곳이라 하여 보는 이가 없다고 하지 마라.

尚不愧于屋漏 無曰不顯 莫予云覯

상불괴우옥루 무왈불현 막여운구

_《시경》

공자는《논어》에서 "시 삼백 편을 한 마디로 말하면 사사로움이 없다"라고 했다. 공자가 편찬했던《시경》에 실린 시 삼백 편은 거의 모두가 일반 백성들의 애환과 고초, 현실에 대한 비평 등을 아무런 꾸밈없이 담은 것이다. 강직한 신하들은 자기가 모시는 임금을 비유를 통해 간언하고 비판하기도 했다.

시에는 소위 배운 자들의 교만이나 권력자들의 간사함이 담겨 있지 않기에 공자는 사사로움이 없다고 표현했을 것이다. 거기에는 거칠지만 꾸밈없는 인생 교훈이 담겨 있고, 정교하지는 않지만 깊은 함의가 있어 많은 후대의 철학자들이 교훈으로 삼았다. 공자 역시 그 시들을 좋아해 항상 외우고 다니며 인용해 말하기를 좋아했고, 제자들과 자녀에게도 공부하라고 강조했다.

〈억〉은 위나라의 무공衛武公이 스스로 경계하기 위해 지었던 시다. 군주로서 덕이 뛰어나 나라를 잘 다스렸지만 스스로 교만해지지 않기 위해 곁에 사람을 두고 그 시를 항상 외우게 했다. 한 나라의 군주가, 더구나 나라를 잘 다스려 부흥시킨 군주가 자신을 경계하기 위해 지었던 문장인 만큼 오늘날에도 새겨야 할 내용이 많이 담겨 있다. 특히 지도자라면 반드시 읽어야 할 금언들이 많다. 진정한 선비라면 사람들이 볼 때뿐만이 아니라, 혼자 있을 때에도 반드시 몸가짐을 부끄럽지 않게 해야 한다는 다짐이다. 이 글은 특히 후대의 많은 선비들이 수양의 기준으로 삼았다.

신중하고 반듯한 처신은 사람과 함께 있을 때나 혼자 있을 때나 변함없이 행할 수 있어야 한다. 보는 눈이 있을 때는 예의를 차리지만 아무도 보지 않으면 저질스럽고 천박한 밑천이 드러나는 사람은 결코 존경받을 만한 인물이 되지 못한다. 사람들 앞에서의 행동이 가식이나 겉치레에 불과하기 때문이다.

〈억〉에서는 "신이 언제 이를지 모르니 삼가라"라고 했지만, 여러 고전에는 스스로를 속이지 않고 성찰하기 위해 "혼자 있을 때 더욱 삼간다"라는 뜻의 '신독'이라는 말이 거듭해서 실려 있다.《대학》에 "이른바 성의誠意라는 것은 자기를 속이지 않는 것이다. 마치 악취를 싫어하고 미인을 좋아하듯 하는 것이니, 이를 스스로 만족한다고 한다. 그러므로 군자는 반드시 홀로 있는 데서 삼간다"라고 한 것과,《중용》에 "감춘 것보다 잘 보이는 것이 없고, 작은 것보다 잘 드러나는 것이 없다. 그러므로 군자는 홀로 있는 데서 삼간다"라고 한 것이 대표적인 구절이다. 사서삼경의 책 중에서 세 개의 경전이 모두 신독을 강조했던 만큼 선비들의 수양에서 신독이 얼마나 중요한지 짐작할 수 있다.

조선의 실학자 다산 정약용도 강조했다.

"원래 신독은 자기 홀로 아는 일에서 신중을 다해 삼간다는 것이지, 단순히 혼자 있는 곳에서 삼간다는 것을 뜻하지 않는다. 사람이 방에 홀로 앉아서 자신이 했던 일을 묵묵히 되짚으면 양심이 드러난다. 이것은 방 안 어두운 곳에 있으면 부끄러움이 드러난다는 것이지, 어두워 보이지 않는 곳에서 감히 악을 행해서는 안 된다는 뜻이 아니다.”

그가 쓴 책《심경밀험》에 실린 글로, 신독의 개념을 단순한 수양을 넘어 ‘마음 다스림’의 차원으로 높였다.

혼자 있을 때뿐만 아니라
사람과의 관계에서도
몸가짐은 물론 마음을 경건히 하고,
바르게 다스린다.

다른 사람이 볼 때는 행동을 바르게 해도, 마음은 절제하기가 어려움을 누구나 느낄 것이다. 하루에도 몇 번씩 감정이나 욕심을 자제하지 못해 실수하고 후회하는 것이 바로 우리의 모습이다. 그러니 ‘신독’ 두 글자를 항상 마음에 새기고 혼자 있는 시간에 자신을 돌아보며 반성하고 성찰하는 시간을 갖는다면 마음 그릇은 충분히 넓어질 것이다.

베어진 나무도
다시 자라날 수 있다

제대로 키움을 얻는다면

자라지 못할 것이 없고,

키움을 얻지 못하면

소멸해버리지 않는 것이 없다.

苟得其養 無物不長

苟失其養 無物不消

구득기양 무물부장

구실기양 무물불소

_《맹자》

공자는 《논어》에서 "육포 한 묶음 이상을 예물로 못 갖춘 자를 나는 가르친 적이 없었다"라고 했다. 육포 한 묶음은 말린 고기 열 개로 아무리 가난한 사람이라도 준비할 수 있는 최소한의 예물이다.

공자가 제자를 뽑는 기준은 지능이나 자질이 아니라 최소한의 성의와 공부에 대한 열의였다. 당연히 부나 지위 등은 전혀 고려 대상이 아니었다. 실제로 공자의 문하에는 시장에서 싸움을 일삼던 불량배 출신도 있었고, 농사를 짓던 무학의 농부 출신도 있었다. 이는 공자 자신이 젊은 시절 창고지기와 목장 관리인을 하며 생계를 유지했지만 배움을 포기하지 않았던 데서 비롯된다. 공자의 핵심적인 교육 철학이라고 할 수 있는 유교무류有敎無類가 이를 바탕으로 구현된 것이다.

유교무류란 말 그대로 해석하면 "가르침에는 차등이 있을 수 없다"라는 의미지만 또 다른 해석도 가능하다. "가르침이 있으면 누구나 같아지니 차등이 없어진다"이다. 앞의 해석이 가르치는 대상에는 차별을 두지 않는다는 말이라면, 뒤의 해석은 교육을 받은 후의 결과라고 할 수 있다.

가르침을 받기 전에 사람들은 수많은 부류로 나뉜다. 올바른 삶을 살기 위해 노력하는 사람, 사람 도리를 못 하는 사람, 자기 이익을 위해 수단 방법을 가리지 않는 탐욕적인 사람, 범죄자 등 수많은

부류가 있다. 하지만 공자는 어떠한 사람이라도 정상적인 교육을
받는다면 올바른 사람으로 이끌 수 있다고 보았다. 교육이 사람들
의 차등을 없애는 것이다. 이는 공자가 강조했던 '사람의 타고난 본
성은 비슷한지만, 습관에 의해 달라진다'라는 말에서 잘 나타난다.
사람들은 모두 선한 본성을 타고나지만 배움과 환경에 의해 얼마
든지 달라질 수 있다.

《맹자》〈고자상〉에 실린 예문은 유교무류와 같은 교육 철학으로
보이지만, 실제로는 좀 더 깊은 철학을 담는다. 바로 선한 본성을
타고난 사람의 마음에 관한 철학이다. 다음을 보면 잘 알 수 있다.

우산의 나무들은 원래 아름다웠는데 큰 도시에 가까이 있어

사람들이 도끼로 베어버리니 무성할 수 있었겠는가?

밤낮으로 자라게 해주고 비와 이슬이 적셔주어

새로운 싹과 움이 싹텄지만 소와 양이 뜯어 먹어버려

결국 그 산이 민둥산이 되었다.

사람들은 그 민둥산을 보고

'일찍이 그 산에 좋은 재목이 없었구나' 한다.

하지만 어찌 이것이 원래 산의 본성이겠는가?

사람의 본성에도 어찌 인의仁義의 마음이 없었겠느냐 마는

사람들이 자신의 선량한 마음을 풀어놓아 버려
마치 도끼로 나무를 베어버리는 것과 같으니,
날마다 베어버리면 결코 아름다울 수 없다.

선한 본성을 타고난 사람들이 자기 마음을 잃어버리고 점차 황폐해지는 것을 우산의 나무로 비유해 절묘하게 설명해준다. 나무로 울창했던 우산이 황폐해지는 것은 바로 큰 도시 곁에 있는 환경 때문이다. 도시 사람들이 땔감으로 또는 재목으로 쓰기 위해 나무를 베어간다. 하지만 아낌없이 키워주는 자연이 다시 새로운 싹이 나게 해주고, 비와 이슬을 공급해 나무를 자라나게 하지만 이번에는 소와 양들이 풀을 뜯어 먹어 민둥산이 되고 만다.

사람도 마찬가지다. 하늘로부터 선한 본성을 누구나 타고났지만, 세상을 살아가며 욕심과 이익을 추구하는 세속적인 마음 때문에 점차 피폐해지고 만다. 마치 우산의 나무와 같다.

욕심에 빠지고 이익의 유혹에 넘어가는 세속적인 삶이 거듭되면서 사람의 좋은 기운은 점차 사라지게 된다. 하루하루 그런 삶이 반복되면서 점점 더 타락하게 되고, 결국 금수와 다를 바 없게 변한다. 이런 사람을 보고 어떤 사람들은 '저 사람은 원래부터 나쁜 사람'이라고 비난하지만, 사실은 자신을 잘 지켜나가지 못했던 결과일 뿐이다.

사람들은 흔히 자신의 실패를 외부 환경이나 다른 사람들의 탓으로 돌린다. 하지만 맹자에 따르면 그것은 자기를 해치고, 스스로를 포기한 탓이다. 맹자는 평소에 자포자기의 삶을 살았기에 실패한 오늘, 타락한 자신이 만들어진다고 보았다.

우산의 나무들은 사람의 탐욕으로 인해 피폐해지고 스스로 되살릴 길이 없었지만, 사람에게는 스스로 다시 회복할 수 있는 힘이 있다. 타락하고 피폐해짐도 스스로 선택했기에 다시 회생하는 일도 스스로 할 수 있다.

어른은 일의 경중을 구별할 줄 안다

작은 것을 기르는 자는 소인이 되고,

크고 귀한 부분을 기르는 자는 대인이 된다.

養其小者爲小人 養其大者爲大人
양기소자위소인 양기대자위대인

_《맹자》

《맹자》를 보면 대인大人에 대한 이야기가 많이 나온다. 그대로 직역하면 큰 사람이 되지만, 맹자가 말했던 대인은 '어른'을 뜻한다. 단순히 나이를 먹어서 된 성인이 아니라, 나이에 합당하게 부끄럽지 않게 살아가는 사람을 말한다. 《맹자》〈이루하〉에서는 "대인이란 어린아이의 마음을 잃지 않은 사람이다"라고 실려 있다.

어른이 어른다울 수 있음은 나이를 먹어서가 아니라 어린아이와 같은 순수함을 지니고 있기 때문이다. 사람이면 누구나 하늘로부터 선한 마음을 받는데 이 마음을 가장 잘 보존한 사람이 어린아이다. 맹자는 처음 받은 마음을 어린아이와 같이 잘 보존하고 있는 사람을 진정한 어른이라고 보았다.

또한 맹자는 "예가 아닌 예와 의가 아닌 의를 대인은 하지 않는다"라고 했다. 속마음은 전혀 다르면서 겉으로만 예와 의를 갖춘다면 위선일 뿐이다. 하지만 아이들은 속마음을 감추지 않고 그대로 표현한다. 그렇기에 진정한 어른이란 겉으로 보이는 행동과 속마음이 같다. 또한 대인은 '스스로를 바르게 함으로써 만물을 바르게 하는 사람'이다. 대인은 다른 사람을 타이르고 가르치기 이전에 먼저 자신을 바로잡는다. 그럴 때야 비로소 다른 사람을 가르칠 자격이 생기기 때문이다.

맹자는 이 모든 것들을 '대장부大丈夫'라는 단어로 집대성했다. 〈등

문공하〉에 대장부를 이렇게 정의했다.

천하의 가장 넓은 집에 살고,

천하의 가장 올바른 자리에 서고,

천하에 가장 큰길을 걷는다.

뜻을 얻으면 백성과 함께 그 길을 가고,

뜻을 얻지 못하면 홀로 그 길을 걷는다.

부귀함도 이 마음을 어지럽히지 못하고,

빈천함도 이 뜻을 바꾸지 못한다.

무력으로 위협해도 이 뜻을 굽히지 못하니,

이것이 진정한 대장부다.

여기서 보면 진정한 어른이란 바로 맹자 자신의 모습인 것 같다. 맹자는 혼란과 전쟁의 시대를 오직 백성의 안녕과 천하의 평안을 위해 돌파해나갔다. 그 힘의 원천은 바로 흔들리지 않는 넓고 광대한 마음였다.

맹자는 〈고자상〉에 진정한 어른이 될 수 있는 조건에 대해 또 이렇게 말했다.

지금 정원사가 귀한 오동나무와 가래나무는 버리고
작은 멧대추나무나 가시나무와 같은 싸구려 나무를 기른다면
그는 천한 정원사가 될 것이다.
사람이 손가락 하나를 기르느라 어깨와 등이 망가져도 모른다면
그는 병든 이리처럼 뒤돌아볼 줄 모르는 사람이다.

사람이라면 누구나 자기 몸을 아낀다. 아무리 작은 부분이라고 해도 차별 없이 가꾸고, 상하지 않도록 애쓴다. 하지만 몸에도 중한 것이 있고, 상대적으로 중하지 않은 것도 있다. 맹자는 그 예로 손가락과 어깨와 등을 예로 들었다. 손가락은 몸의 작은 부분이다. 물론 손가락이 소중하지 않다는 말은 아니지만, 어깨나 등에 비하면 그 중요함은 덜하다. 공연히 그것을 가꾸려 애쓰다가 더 중요한 것을 상하게 해서는 안 된다.

진정한 어른은 크고 작은 것의 중요성을 잘 선택하는 사람이다. 사람의 삶은 매 순간 선택의 연속인데 물질과 유혹을 따를지, 혹은 올바른 도리를 따를지는 우리 자신에게 달렸다. 내 삶에서 가장 소중한 것이 무엇인지에 따라 추구하는 것이 달라진다. 물질과 성공을 추구할지, 아니면 올바른 도리를 기반으로 선한 삶을 살아갈지는 각자의 선택지에 남겨져 있다.

가장 바람직한 것은 바로 균형 잡힌 삶의 모습이다. 성공을 추구하되 불의한 길을 따르지 않는다. 물질을 추구하되 의로움을 생각한다. 어렵기는 하겠지만 불가능하지는 않다. 맹자가 말했다.

"먹고 마시는 것을 좋아하더라도 큰 것을 잃어버리지 않는다면 먹고 마시는 것이 어찌 한 자, 한 치의 살을 위해서겠는가?"

큰 것을 선택하되 작은 것의 덕성을 해치지 않는다. 이것이 어른의 그릇이며, 삶을 다스리는 지혜다.

변화 속에서도
변치 않는 마음을 지키라

은미할 때 막고 홀로 있을 때 조심하는 것이

마음을 지키는 법도다.

절실하게 묻고 가까이 생각함으로써

그 마음을 서로 도와 지키라.

防微謹獨玆守之常 切問近思 曰惟以相
방미근독자수지상 절문근사 왈유이상

_〈구방심재명〉

맹자는 치열한 전쟁의 시대인 전국시대에 세상의 평안과 학문적 전통을 지키기 위해 노력했던 학자였다. 그는 특히 백성들이 고난에 좌절하고 포기하지 않도록 많은 가르침을 주었다. 그중에서도 고난에 대해 정의했던 글은 오늘날에도 큰 울림을 준다.

하늘이 장차 그 사람에게 큰 사명을 내리려 할 때는,
먼저 그의 마음을 괴롭게 하고, 뼈와 힘줄을 힘들게 하며,
육체를 굶주리게 하고, 그에게 아무것도 없게 하여
그가 행하고자 하는 바와 어긋나게 한다.

마음을 격동시켜 성정을 강하게 함으로써
그가 할 수 없었던 일을 더 많이 할 수 있게 하기 위함이다.

사람들은 어려움에 처하면, 자신의 잘못은 생각하지 않고 주위를 탓한다. 심하면 하늘을 원망하기도 한다. 하지만 뛰어난 사람들은 똑같은 처지에서 먼저 자신을 돌아본다. 그리고 뼈저리게 반성하고 그 잘못을 고치고 성장한다. 이런 과정이 쌓이고 쌓여서 위대

한 결과를 만들어내는 것이다.

　주자 역시 마찬가지였다. 금나라의 침략으로 수도를 옮기는 등 송나라가 극한의 위기에 빠졌을 때 주자는 성리학, 즉 주자학을 완성했다. 국가적 위기와 학문적 쇠퇴의 시기에 유교 경전이 말하는 도덕적 삶을 바로 세우고, 단순히 이론에 그치는 것이 아니라 삶에서 실천할 수 있도록 마음의 힘을 키웠다.

　주자는 제자인 정정사程正思를 위해 〈구방심재명〉을 썼다. '구방심재명'은 '잃어버린 마음을 찾는다'라는 뜻으로,《맹자》〈고자상〉에 실린 유명한 글을 인용한 제목이다. 이처럼 주자의 글은 제목에서부터 거의 전부가 경전에서 인용되었다. 이로써 마음의 공부란 옛 경전에서 그 답을 찾을 수 있음을 알 수 있다.

천지는 변화하고 그 마음은 지극히 인자하다.
그 같은 인자함을 이루는 것은 나 자신에게 있으니
그래서 마음은 몸의 주인이 된다.

주인이 되는 것은 무엇인가?
신명하여 도무지 측정할 수 없으며
만 가지 변화를 일으켜 사람의 근본을 세운다.

잠시라도 놓아버리면 천 리 밖으로 달아나니
참되지 않으면 어찌 가지며
삼가지 않으면 어찌 보존하겠는가?
누가 놓아버렸고 누가 찾았는가?
누가 잃어버렸고, 누가 가졌는가?

먼저 글의 핵심이 되는 첫머리 글, "천지는 변화하고 그 마음은 지극히 인자하다"는 《주역》과 유학의 핵심 이치를 말한다. 《주역》은 '변화의 책'이라고 불리는 만큼 변화하는 세상에 지혜롭게 대처하는 방법을 담고 있다. 하지만 오직 변화하지 않은 것이 있는데 유학에서 강조하는 인, 즉 '사랑의 철학'이다. 변화하는 세상에서 어떤 상황이 닥쳐도 반드시 붙잡아야 하는 것은 '사랑', 즉 선한 마음이다. 그리고 그것을 붙잡는 사람은 바로 나 자신이다. 어느 누구도 도움을 줄 수 없다. 내 마음은 나 자신이 붙잡아야 한다.

하지만 마음을 바로잡아 굳게 세우기란 어렵다. 옛 성인들 역시 조그만 변화에도 쉽게 마음을 잃어버린다고 고백했다. 변화가 일상이 된 오늘날을 살아야 하는 우리는 더욱 그렇다. 끊임없는 유혹에 마음을 빼앗기고, 솟아오르는 분노에 마음을 잃어버리고, 현실의 고민과 미래에 대한 두려움으로 무력해진다. 스스로 할 수 있는 일은 숨 쉬는 일밖에 없다고 느낄 정도로 내 마음을 놓쳐버린다.

정작 몸은 마음대로 하면서 마음은 마음대로 할 수 없을 때가 많다. 학문을 할 때도 마찬가지다. 절실히 묻고 가까운 데서부터 미루어 생각하는 것은 학문의 근간이다. 모르는 것이 있으면 절실한 마음으로 물어 해답을 찾고, 일상에서부터 배움을 익히고 쌓아나갈 때 경지에 이를 수 있다. 이를 마음 수양에 적용한다면 일상에서 혹시 잘못된 것은 없는지 스스로 미루어 행동하고, 작은 잘못도 용납하지 않는 것이다.

마음 수양은 쉬운 일이 아니다. 마음을 지키기 위해 순간순간 미루어 생각하고, 혼자 있는 시간에도 노력하는 것이 그 유일한 방법이다. 옛 현인들도 어려워했으니 평범한 우리는 그저 노력할 뿐이다. 혹시 어긋난 길을 걷고 있는 것은 아닌가?

나는 마음 그릇에
어떤 가치를 담을 것인가?

절실히 묻고 가까운 데서
끊임없이 생각해볼 일이다.

나는 마음 그릇에
어떤 가치를 담을 것인가?

절실히 묻고 가까운 데서
끊임없이 생각해볼 일이다.

배운 사람은
배움을 멈추지 않는다

안회라는 제자가 배움을 좋아해서 노여움을 옮기지 않고,

허물을 고치는 데 망설이지 않았으나,

불행히도 단명하여 죽었다. 이제는 그런 사람이 없으니,

그 후로는 아직 배움을 좋아한다는 사람을 들어보지 못했다.

有顔回者好學 不遷怒 不貳過
不幸短命死矣 今也則亡 未聞好學者也
유안회자호학 불천노 불이과
불행단명사의 금야즉망 미문호학자야

_《논어》

공자의 제자는 3,000명에 달했다. 춘추시대의 혼란한 중에, 심지어 오늘날과 같은 소통과 교통의 수단이 없는 시대라고 할 때 얼마나 대단한 숫자인지 모른다. 그중에서 70명을 뛰어난 능력과 학문을 갖춘 70자七十子라 불렀고, 10명의 탁월한 제자를 공문십철孔門十哲이라고 했다. 〈선진〉에서 공자는 이들을 그리워하며 직접 언급했다.

"나를 따라서 진나라와 채나라에 간 제자들이 모두 지금은 내 곁에 없다. 덕행에는 안회(안연), 민자건, 염백우, 중궁이고 언어에는 재아와 자공이며, 정사에는 염유와 계로(자로), 문학에는 자유와 자하가 있다."

안회는 공자가 가장 첫 번째 꼽은 덕행에 뛰어난 제자다. 이외에도 《논어》에는 공자가 안회를 평가했던 글이 많이 나오는데 하나같이 극찬이다. 〈자한〉에서는 "일러주면 게을리하지 않는 사람이 바로 안회다"라고 하며 충실히 배우고 실천하는 자세를 칭찬했다. 안회가 죽은 후에 "애석하구나. 나는 그가 진보하는 것을 보았지 멈춘 것을 보지 못했다"라고 말하기도 했다. 안회가 이른 나이에 죽어서 매우 안타까워하는 한편, 끊임없이 정진하는 모습을 칭찬했다.

노나라 애공이 "배움을 좋아하는 제자가 누구입니까?"라고 공자에게 묻자 공자는 제자 중에서 배움을 좋아하는 사람은 유일하게 수제자 안회밖에 없으나, 이미 죽었기에 이제는 배움을 좋아하는 제자가 없다고 말했다.

여기서 한 가지 의문이 떠오른다. 공자의 문하에 모여든 제자들은 모두 간절히 학문을 배우고 싶었을 것이다. 하지만 공자는 "안회 외에는 배움을 좋아하는 사람이 없다"고 잘라 말했다. 우리가 알고 있는 배움의 의미와는 완전히 다르다.

공자에게 배움이란 단순한 지식의 습득이 아닌, 마음의 수양을 말한다. 지식을 많이 배워 학문의 높은 경지에 이르는 일은 어떤 사람도 할 수 있다. 하지만 마음의 수양이 경지에 달해 언제나 평안한 삶을 사는 일은 보통 사람에게는 어렵다.

공자는 배움을 좋아한다는 의미를 안회의 두 가지 삶의 자세로 말했다. 바로 불천노不遷怒와 불이과不貳過다. 불천노, 즉 '노를 옮기지 않는다'는 말은 감정의 절제를 말하고, 불이과는 '한 번 했던 잘못을 다시 저지르지 않는다'는 성찰하는 삶의 태도이자 성실한 자세라고 할 수 있다.

유학자 하안은 "노여움이란 노해야 할 도리에 합당해야 하고, 이를 다른 사람에게 옮기지 않아야 한다"라고 해석했다. 주자는 "갑에게 노한 것을 을에게 옮기지 않는 것이 불천노이다"라고 했다.

하지만 조선의 실학자 다산 정약용이 한 해석은 조금 달랐다. 그는 이런 행동은 상식이 있는 사람이라면 당연히 하지 말아야 할 일이라고 생각했다. 만약 안회와 같은 경지가 되어야만 할 수 있다고 하면 공자가 생각한 의도와는 달라진다. 그 근거로 삼은 것이《논어》〈옹야〉에 있는, 곤궁 속에서도 즐거움을 잃지 않는 안회의 모습이었다.

> 어질도다 회(안연)여,
> 한 그릇의 밥과 한 표주박의 물을 가지고
> 누추한 곳에 살고 있으니 보통 사람이라면
> 그런 근심을 견디지 못하지만
> 회는 그 즐거움이 변치 않는구나.
> 어질구나, 회여!

다산은 이러한 안연의 모습을 진정한 불천노라고 보았다.

"빈천과 우환을 군자는 명으로 받아들여서 하늘을 원망하지 않고 사람을 탓하지 않으니 이를 불천노라고 한다."

빈궁 속에서도 즐거울 수 있는 안빈락도安貧樂道의 경지 역시 진정한 불천노라고 해석할 수 있다.

불이과에 대한 이야기는《주역》복괘의 초구, "멀리 가지 않고 돌아오므로 뉘우침에 이르지 않으니 으뜸으로 길하다"에서 찾아볼 수 있다. 이에 공자는 〈계사전〉에서 이렇게 말했다.

"안 씨의 아들 안회는 좋지 못한 점이 있으면 반드시 알아차렸고, 알게 되면 그것을 다시 행한 일이 없었다."

잘못을 즉시 깨닫고 바로 고칠 수 있는 안회의 태도를 불이과로 말했던 것이다. 이처럼 공자를 비롯해 많은 학자들은 불이과를 두고 '같은 잘못을 되풀이하지 않는 것'이라고 해석한다. 하지만 이 역시 다산의 생각은 달랐다.

인심은 오직 위태롭고 도심은 오직 미미하다.
허물을 고치려고 하는 마음과 또 고치지 않고자 하는 마음이
인심과 도심에 양쪽으로 나뉘어 속해 있으니,
이것을 이과貳過라고 하는 것이다.

**한 칼로 양쪽 가닥을 잡고 베는 데에 인색하지 말아야 하듯이,
다시는 한 터럭의 찌꺼기도 마음속에 남아 있지 않아야
바야흐로 '불이과'라고 할 수 있다.**

다산은 '잘못을 고치려는 마음과 고치지 않으려는 마음 사이에서 잘못을 고치려는 결단', '선과 악의 갈림길에서 오직 선함을 택해서 행할 수 있는 것'을 불이과라고 보았다.

두 번 다시 같은 잘못을 저지르지 않으려는 행동도, 마음이 흔들리는 순간 잘못된 길을 가지 않으려는 결단도 모두 소중하다. 둘 다 충분히 가치 있는 일이다.

불천노와 불이과는 모두 마음 그릇을 넓히기 위한 실천 덕목이다. 마치 공부를 평생 해야 하듯이 어떤 순간에도 삶의 배움을 놓치지 않으려고 노력할 때, 쉽지 않지만 어른의 그릇에 다가설 수 있다.

마주하는 모든 사람을
나의 거울로 삼으라

사람은 물을 거울 삼지 않고,
사람을 거울 삼는다.

人無於水監 當於民監
인무어수감 당어민감

_《서경》

옛 선비들은 물을 좋아했다. 물을 통해 자신을 비추어 성찰하고, 물에서 배울 수 있는 위대하면서도 겸손한 덕목을 닮고 싶어 했기 때문이다. 이는 각기 다른 생각과 철학을 가진 백가의 학자들에게도 공통적이었다. 도가의 원조인 노자는 물을 '최고의 선'이라며 이렇게 말했다.

최고의 선함은 물과 같다.
물은 만물을 이롭게 하면서도 다투지 않고,
세상 사람들이 싫어하는 곳에 머문다.
그러므로 물은 도에 가깝다.

공자도 노자처럼 물을 좋아했다. 《순자》에 공자가 제자 자공을 가르치며 한 말이 나온다.

"물은 모든 생물에게 두루 미치면서도 마치 아무것도 한 것 같지 않으니 그것은 곧 덕이 있는 사람과 같다. 낮은 곳으로 구불구불 흐르면서도 이치에서 벗어나지 않으니 의로운 사람과 같다. 계속 솟아 나오면서도 다함이 없으니 도를 깨친 사람과 같다. 백길 골짜기

로 떨어지면서도 두려워하지 않으니 용감한 사람과 같다. (…) 들어
오는 자를 모두 깨끗하게 만드니 좋은 가르침을 주는 사람과 같고,
굽이굽이 만 번을 꺾여도 반드시 동쪽을 향하니 지조를 지키는 사
람과 같다. 그래서 군자는 큰물을 볼 때 반드시 깊이 관찰한다.”

어느 한 곳 모자람 없이 최고의 경지에 다다른 성인을 물에 비유
했다. 이러한 물의 성품을 보면서 공자는 물을 닮기 위해 끊임없이
성찰하고 자신을 성장시켰다.

또한 공자는 《논어》에서 ‘지자는 물을 좋아하고 인자는 산을 좋
아한다知者樂水 仁者樂山’라고도 했다.

물은 반드시 낮은 곳으로 향한다. 웅덩이를 만나면 다 고인 후에
야 흘러가고, 막힌 곳이 있으면 둘러서 간다. 어떤 상황에서도 고정
되지 않고 적절하게 변화하며 상황을 해결한다. 지혜로운 모습이다.

산은 언제나 변함없이 자리 잡고 있어서, 새와 짐승을 품는다. 세
상을 떠나 자연 속에서 살고자 하는 사람에게도 넉넉하게 살 수 있
는 터전을 준다. 그래서 지혜로운 사람과 인한 사람은 각각 물과 산
을 사랑하는 것이다.

여기에 덧붙여 물의 이점 하나는 바로 물을 통해 자신의 외모와
내면을 다듬는 것이다. 거울이 흔치 않았던 옛날 사람들은 물을 거
울로 삼기도 했다. 또 공부와 수양을 하던 선비들은 물에 자기 얼굴
을 비춰봄으로써 자기 내면을 살필 수 있었다. 자기 얼굴을 비춰보
면서 자신의 본모습을 보고 내면의 소리를 들은 것이다. 이때는 주

로 잘못된 일에 대한 반성을 하고, 앞으로의 삶에 대한 성찰을 한다.

반면,《서경》〈주고〉는 다른 주장을 한다. 물이 아니라 사람을 거울 삼아야 한다는 것이다. 주공이 술에 취해 방탕한 것으로 정평이 난 매나라에 아우인 강숙康叔을 봉하면서 이렇게 경계하며 말했다.

"하늘이 우리를 꾸짖은 까닭은 우리 백성이 크게 어지러워져서 덕을 잃었기 때문인데, 언제나 그 원인이 술이었다. 또 크고 작은 나라가 망하게 되는 까닭도 언제나 술 때문이었다."

사람이 덕을 잃는 것도 나라가 망하는 것도 모두 술에 기인한다는 말이다. 주공은 술 때문에 망했던 은나라의 예를 더 든다.

"봉이여, 내가 듣기로는 옛날 은나라의 어진 임금들은 하늘을 두려워하고 어리석은 백성들을 살펴서 덕을 좇고 어진 마음을 지켰다고 한다. (…) 그 뒤를 이은 주왕紂王은 언제나 술이 몸에 배어서 그의 명령이 백성에게 밝혀지지 않았다."

은나라는 원래 훌륭한 왕으로 꼽혔던 탕왕湯王의 나라이기도 했다. 탕왕은 우리가 잘 아는 '진실로 새롭게, 날마다 새롭게, 또 새롭게'를 세숫대야에 새겼던 왕이다. 세숫대야에 담긴 물을 보며 지도자로서의 자신을 돌아보았다. 이때 은나라는 전성기를 구가했지만, 훗날 방탕한 주왕이 등극하면서 나라가 망하고 만다. 사람을 거울 삼으라는 말은 바로 이런 역사에서 배우라는 뜻이다.

이 글은 왕에게 이르는 말이지만, 일상에서도 충분한 의미가 있다. 곁에 있는 사람, 항상 대하는 사람이 우리의 거울이 된다. 공자는 나보다 못한 자를 친구로 삼지 말라고 말했다. 이는 이익을 추구하는 얄팍한 처세술을 뜻하는 말이 아니라, 함께 덕을 닦아 바른 길을 갈 수 있는 사람을 사귀라는 말이다. 또 다른 의미는 항상 대하는 사람들로부터 나 자신의 행실을 돌아보라는 뜻이다. 사람들과 교류하고 함께 일하면서, 그들에게서 배움을 얻지 못한다면 나를 바로잡고 성장시킬 배움의 기회를 얻기 힘들다.

성찰의 시간은 반드시 혼자 있는 시간에 국한되지 않는다. 사람들과 함께하면서 거울을 들여다보듯 맑은 마음으로 사람들의 좋은 점을 배우고, 나쁜 점은 무엇인지 스스로 돌아본다면 그것이 진정한 성찰이다. 일상을 배움의 장소로, 매일 대하는 사람을 선생으로 삼으면 높은 경지에 도달한다.

하나의 이치로
모든 것을 꿰뚫는다

사랑은 사람이다.

둘을 합하면 그것이 도다.

仁也者人也 合而言之道也

인야자인야 합이언지도야

_《맹자》

《도덕경》의 맨 첫머리에 실린 유명한 글이다.

"도라고 할 수 있는 도라면 그것은 참된 도가 아니다. 부를 수 있는 이름은 참된 이름이 아니다."

심오한 철학을 집약한 글이라 이해하기 쉽지 않지만 여기서 도란 일반적인 수준을 초월하는 최상의 경지임을 알 수 있다. 공자의 유가에서 도는 역시 최상의 경지이지만, 사람의 삶과 세상을 바르게 다스릴 수 있는 '도리' 또는 '진리'라는 개념으로 좀 더 현실적이다. 공자는 그 도를 얻기 위해 인의 덕목을 수양하고 얻어야 한다고 생각했다. 인은 어짊, 자비 등으로 해석되지만 고전에서 말하는 인을 바꿔 말하면 '사랑'이다. 인의예지의 덕목에서 으뜸가는 덕목이고, 모든 덕목을 집대성한 덕목이기도 하다. 따라서 옛 선비들은 인을 얻기 위해 끊임없이 공부하고 수양했다.

공자는 '인의 철학자'라고 불릴 정도로 인을 강조했다. 스스로 인의 경지에 도달하기 위해 수양했고, 제자들에게도 끊임없이 인을 가르쳤다. 학문적으로 명확하게 정의하지는 않았지만, 제자들과의 대화에서 계속해서 인을 묻고 가르쳤던 장면이 《논어》에 나온다. 그중에서 인을 가장 명확하게 말한 것이 제자 번지와의 대화다.

번지가 '인'을 묻자 공자가 말했다.

"사람을 사랑하는 것이다."

'지'를 묻자 공자가 대답했다.

"사람을 아는 것이다."

사람을 아는 것이 지식의 근본이 되고, 사람을 사랑하는 것이 바로 인의 근본이 된다는 것이다. 가장 간단하면서도 확실한 정의다. 공자가 제자들에게 인을 하나로 정의하지 않았던 이유는 인이란 이론적인 지식이 아닌, 삶에서 실천하는 덕목이라고 보았기 때문이다. 하지만 공자는 자신의 모든 수양과 학문은 오직 '인' 하나로 일관된다고 몇 번에 걸쳐 말했다. 바로 '일이관지—以貫之'의 성어로 《논어》에 실려 있다.

"삼參아, 내 도는 하나로써 꿰었다"라고 하자 증자는 "네" 하고 대답했다. 선문답과 같은 대화에 공자가 나가자 증자의 제자들이 증자에게 "무슨 말씀이십니까?"라고 물었다. 증자는 "스승의 도는 충忠과 서恕뿐이다"라고 말했다. 여기서 충이란 마음의 중심을 바르게 세운다는 뜻이고, 서란 다른 사람을 내 마음같이 배려하고 사랑한다는 뜻으로 바로 인의 실천 덕목이다. 여기서는 제자 증자를 통해 말하는데,《논어》의 또 다른 곳에서는 공자가 직접 말하는 장면이 나온다.

공자가 "사賜(자공의 이름)야, 너는 내가 많이 배워서 알고 있는 사람으로 아느냐?" 하자 자공이 "그렇습니다. 아닙니까?"라고 대답했다. 공자가 말했다.

"아니다. 나는 하나로써 모든 것을 꿰뚫었다."

공자가 '하나'로 꿰뚫었다고 하는 것이 바로 인, 즉 사랑이다. 공자가 추구하고자 했던 학문과 수양, 얻고자 했던 덕목은 모두 사랑으로 집대성된다.

공자의 학문을 이어받은 맹자는 사랑을 알고, 사랑을 실천하고, 사랑과 하나가 될 때 사람은 진정한 도의 경지에 도달할 수 있다고 말했다.

맹자는 이미 자신의 책《맹자》에서 여러 번에 걸쳐 인은 사람의 본성으로서 마음에서 작용한다고 정의했다.

측은히 여기는 마음은 인仁의 단서이고,

불의를 미워하고 의롭게 살려는 마음은 의義의 단서이고,

사양하고 배려하는 마음은 예禮의 단서이고,

옳고 그름을 가리는 마음은 지智의 단서다.

인을 비롯한 사람의 선량한 덕목인 인의예지는 모두 마음에서 비롯되었고 사람에게 사지가 있는 것처럼 사람의 마음에도 이러한 선한 본성이 있다는 뜻이다.

맹자는 '만약 사람에게 이러한 마음이 없다면 사람이라고 할 수 없다'라고 단언했다. 사람이 사람일 수 있는 조건을 선량한 마음,

즉 인의예지라고 정의한 것이다. 그 네 가지 덕목을 한 번에 아우르는 것을 인, 즉 사랑이라고 말했다. 사람의 마음에 사랑이 충만하다면 반드시 의로움과 배려, 지식도 함께 할 수 있다는 것이다.

맹자가 전쟁이 일상인 험난한 시대에 여러 나라의 왕들을 만나며 세상의 평안을 구하려고 했던 이유는 백성을 향한 사랑 때문이었다. 하지만 공자가 그랬듯이 맹자 역시 사랑을 이론이나 구호로 전하지는 않았다. 언어의 달인답게 왕의 마음을 움직일 수 있는 적절한 표현으로 그들을 설득했다.

그 가운데 잘 알려진 성어가 인자무적仁者無敵이다. 이 말은 우리가 흔히 알듯이 '인자한 사람은 그 온유함으로 적이 없다'는 뜻이 아니라, '사랑으로 다스리는 나라는 가장 큰 힘이 있기에 당할 나라가 없다'는 의미에 더 가깝다. 하지만 그 당시의 왕들에게는 맹자의 이 말이 통하지 않았다. 왕들은 오직 강한 자만이 무력으로 승리를 쟁취한다고 생각했기에 맹자의 주장은 지나치게 이상적으로 들렸다. 어쩌면 오늘날을 살아가는 우리도 크게 다르지 않을지 모른다. 약육강식과 승자독식이 일상이 된 시대에 맹자의 사상을 선뜻 받아들이기 어려운 것도 당연하다.

하지만 맹자는 사람의 존재 이유와 삶의 의미, 더 나아가 사람 그 자체를 사랑으로 보았다. 그리고 그 당시 많은 학자들이 최고의 가치로 추구했던 도는 사람이 학문과 수양을 넘어 사랑과 하나가 될 때 완성된다고 보았다. 사랑을 알고 나눌 줄 아는 사람이 가장 강력한 사람이라고 생각한 것이다. 그 시작은 바로 자신을 사랑하는 일이다. 이는 이미 많은 철학자들이 주장한 바와 같다. 대표적으로 《도덕경》〈12장〉에 실린 글에서 그 의미를 알 수 있다.

성인은 자신을 사랑하지만
아끼지는 않는다.

가장 위대한 사람은 자신을 사랑하는 사람이다. 자신을 사랑하는 만큼 다른 사람도 사랑하기에 남을 위해 희생할 수 있다. 반대로 사사롭게 자신만을 위하는 사람은 진정한 사랑이 아닌 이기적인 욕심에 지나지 않는다.

강한 사람, 경쟁력이 있는 사람이 되려면 마음에 사랑을 담을 수 있어야 한다. 사랑이 있는 사람은 자신이 가진 것을 아낌없이 베풀기에 사람들의 마음을 얻는다. 내가 사랑의 마음으로 상대방을 존중과 배려로 대한다면 그 사랑은 존경과 존중으로 되돌아올 것이다.

마땅히 근심할 만한 것을
근심하라

군자에게는 평생토록 근심하는 것은 있어도,

하루아침의 근심은 없다.

君子有終身之憂 無一朝之患
군자유종신지우 무일조지환

_《맹자》

사람은 하루에 오만가지 생각을 다 한다고 한다. 일상이 모두 선택의 연속이기에 어떤 결정을 하기 위해서는 당연히 생각이 뒤따른다. 하지만 안타깝게도 그중 대부분은 쓸데없는 생각, 헛된 공상에 그친다. 무엇보다도 많은 생각들이 부정적이라서 문제다. 특히 쓸모없는 근심과 걱정이 많다. 눈앞에서 벌어지는 현상에 일희일비하기 때문에 벌어진다. 작은 일에도 두렵고 근심이 앞서 정작 중요한 일, 중요한 생각에는 마음을 쓰지 못한다.

이에 대해 《논어》에서는 "군자는 평온하고 너그럽지만, 소인은 늘 근심하며 두려워한다"라고 말한다. 군자는 마음에 큰 뜻을 품기에 작은 일에는 그다지 마음을 쓰지 않는다. 반면 소인은 눈앞의 작은 일에 연연하기 때문에 항상 걱정하고 두려워한다. 일상에는 작은 일, 사소한 일이 언제든, 수없이 일어나기 마련이기 때문이다.

《맹자》〈이루하〉에 실린 글을 더 살펴보자.

걱정하는 일이라면 이런 것이 있다. 순임금도 사람이고, 나도 사람인데, 순임금은 천하의 모범이 되어 후세에 전할 만한데, 나는 여전히 시골 사람을 면하지 못하니, 이것이 바로 근심할 만한 일이다.

이 글에서 맹자는 사람과의 관계를 말한다. 우리가 겪는 일상의 근심 대부분은 사람과의 관계에서 비롯된다. 그 이유는 대부분 내가 손해를 보지 않으려는 마음과 자존심 때문이다. 맹자는 이런 사소한 근심이 아니라 미래를 위해 더 큰 근심을 하라고 말한다. 그 해답은 이렇다.

군자가 다른 사람과 다른 점은 마음을 보존하는 것이다.
군자는 인을 마음에 보존하고 예를 보존한다.

인한 사람은 다른 사람을 사랑하고,
예가 있는 사람은 다른 사람을 공경한다.

남을 사랑하는 사람이라면 남들도 그 사람을 사랑하고,
남을 공경하는 사람은 남들도 그 사람을 공경한다.

군자는 마음에 사랑과 배려가 있기에 사람과의 관계에서도 이를 바탕으로 행동한다. 당연히 다른 사람을 사랑하고 공경하기에 다른 사람도 그를 공경한다. 그 덕분에 사소한 다툼과 분쟁이 일어나지 않는다. 하지만 사람이라고 모두 같지 않다. 세상에는 수많은 사람이 있고, 그중에는 기본이 안 된 사람도 많다. 베풀어도 은혜를 모르고 갚을 줄도 모르는 사람이다. 만약 이런 사람이 곁에 있다면 어떻게 해야 할지 그 해답을 맹자가 말해준다.

"어떤 사람이 나를 함부로 대한다면 군자는 반드시 스스로 반성한다. 나에게 분명히 어질지 못한 점이 있고, 무례한 행동을 했을지도 모른다고 생각한다. 그런 마음으로 상대를 대했는데도 상대의 태도가 그대로라면 군자는 다시 한번 반성한다. 다시 충실하게 상대를 대했는데도 상대가 변함이 없다면 군자는 이렇게 말해도 된다. '이 사람은 망령된 사람에 불과하다. 금수와 분간할 수 없으니 금수를 누가 비난하겠는가?'"

상대가 나에게 무례하다면 먼저 자신을 돌아본다. 두 번에 걸쳐 자신을 반성하고 고쳤는데도 무례함이 여전하다면 그 사람은 포기해야 할 사람이다. 선을 선으로 받지 못하는 사람은 악한 사람일 따름이고, 짐승과 다를 바 없는 사람이기에 상종할 필요가 없다.

이어서 맹자는 '군자가 해야 할 큰 근심'에 대해 이렇게 말한다.

"근심스러우면 어떻게 해야 할까? 순임금과 같아지려고 할 뿐이다. 군자라면 사소한 근심은 없다. 인이 아니면 하지 않고, 예가 아니면 행하지 않는다. 그래서 일시적인 근심이 있다 해도 군자는 그것을 근심하지 않는다."

순임금은 고대의 전설적인 인물이자 가장 위대한 황제로서 지금도 중국에서 큰 존경을 받는 사람이다. 맹자는 그러한 순임금을 본

받고 그를 닮아가는 마음을 당연히 품어야 할 진정한 근심이라고 말했다. 그것은 곧 자신의 삶을 성장시키고, 사람들을 바르게 이끌며, 두고두고 추앙받을 만한 인물이 되기 위해 마땅히 가져야 할 마음이라는 뜻이다.

《초한지》의 영웅 한신에 관한 고사가 있다. 회음현 지역에서 백정 일을 하던 한 청년이 한신을 깔보며 말했다.

"너는 몸집이 크고 칼을 차고 다니기를 좋아하지만 사실은 겁쟁이에 지나지 않는다. 네가 죽음이 두렵지 않다면 나를 찔러라. 죽음이 두렵다면 내 가랑이 밑을 기어나가라."

아무리 겁쟁이 비겁자라고 해도 견디기 힘든 모욕이다. 하지만 한신은 한참 그를 쳐다보다가 몸을 굽혀 가랑이 밑을 기어 지나갔다. 여기서 과하지욕跨下之辱, '더 큰 꿈을 위해 가랑이 밑을 기어나가는 치욕을 감당하다'라는 고사가 나왔다. 훗날 한신이 초나라 왕이 되었을 때, 그는 가장 먼저 저잣거리에서 자신에게 치욕을 준 그 건달을 찾아 호위무사로 삼으며 이렇게 말했다.

"그때 이 자가 나를 욕보일 때 내가 그를 죽일 수 없었겠는가? 죽여도 나에게 아무 공이 따르지 않을 것이기에 내가 참았고, 그 덕분에 지금의 내가 될 수 있었다."

한신이 버린 것은 자존심이고, 그가 얻은 것은 미래를 향한 큰 꿈이었다. 자존심自尊心, '남에게 굽히지 아니하고 자신의 품위를 스스로 지키려는 마음'이라고 사전은 정의한다. 하지만 우리는 자존심이 상했을 때 오히려 품위를 버리는 행동을 하는 경우가 많다. 자존심을 상하게 한 사람을 비난하고 심하면 폭력까지 쓸 때도 있다. 그러나 진정한 자존심이란 내가 소중한 만큼 나의 가치와 삶의 의미를 높이는 일이며, 나의 품격을 지키는 일이다.

진정으로 근심해야 할 것은 자신의 가능성을 살리지 못하는 일이다. 큰 그릇이 될 사람이 그것을 이루지 못한다면 그보다 안타까운 일은 없다. 따라서 그런 근심이 바로 평생을 두고 해야 할 근심이다.

우리는 모두 높은 이상을 품고 그것을 달성하기 위해 노력한다. 하지만 쉬운 일은 아니다. 학문과 수양은 물론 어떤 일을 하더라도 항상 무언가 마음을 뺏기는 일이 생기고, 번잡하고 복잡한 상황과 관계에서 헤어나오기가 어렵다. 그때 바로 나 자신에게 이렇게 질문하라.

"나는 무엇을 근심하고 있는가?"

자존심을 드높이려 할수록
근심이 들어차고,

품격을 지키려 할수록
평생의 뜻이 세워진다.

자존심을 드높이려 할수록
근심이 들어차고,

품격을 지키려 할수록
평생의 뜻이 세워진다.

밖에 있는 것에
마음을 쏟지 마라

마음을 수양함에 욕심을
줄이는 일보다 좋은 일은 없다.

養心莫善於寡欲
양심막선어과욕

_《맹자》

맹자는 사람의 모든 행동은 마음에 달렸고, 사람의 선함과 악함도 사람의 마음에 좌우된다고 말했다. 무엇보다도 그 모든 것이 스스로의 결정에 따른다고 함으로써 사람의 자기결정권을 주장했다. 선함과 악함, 강함과 약함도 모두 자기 마음이 이끈다는 것이다. 그것을 말해주는 대표적인 구절이 있다.

구하면 얻게 되고 버리면 잃게 된다.

이는 구하는 행위가 얻는 일에 유익하고, 구하는 대상이 내 안에 있다는 뜻이다. 구하는 데 일정한 길이 있고, 얻는 데 운명이 달려 있다.

여기서 내 안에 있는 것은 하늘로부터 받은 선한 본성이고, 내 밖에 있는 것은 외부의 일이나 사물에 의해 자극을 받아 생겨난 욕구를 말한다. 내 안의 선한 본성은 원래 내 속에 있었으므로 구하는 대로 얻고, 그 얻음은 유익하다. 하지만 내 밖에 있는 것은 구한다고 해도 반드시 얻는다는 보장이 없고 설사 얻어도 무익할 뿐이다. 여기서 의문이 생긴다. 그러면 어떻게 해야 할까?

맹자는 "마음을 수양함에 욕심을 줄이는 일보다 좋은 일은 없다"라고 그 해답을 준다. 밖에 있는 것을 향한 탐심을 줄이라는 말인데, 이어서 더 들어보자.

"욕심이 적다면 설사 그 본래의 마음을 보존하지 못하더라도 잃는 정도가 적다. 욕심이 많다면 본래의 마음을 보존하더라도 보존됨이 적다."

결국 자신의 한계를 잘 알고 그 분수에 맞게 탐심을 줄여나가려는 사람은 본래의 선한 마음을 잘 지켜낼 수 있지만, 자기 한계를 모른 채 계속 더 많은 쾌락과 방종, 소유, 지배를 추구하는 사람은 마음을 잃어버리기 쉽다. 주자는 이렇게 해설했다.

"욕망이란 입, 코, 귀, 눈과 사지가 원하는 바를 말한다. 이것이 사람에게 없을 수는 없지만 조절하지 않으면 그 본래의 선한 마음을 잃지 않을 자가 없다. 하여, 배우는 자는 마땅히 경계해야 한다."

맹자는 《맹자》 〈진심하〉에서 이에 관해 이렇게 설명하는데, 주자보다는 좀 더 구체적이다.

입이 좋은 맛을 구하고,
눈이 아름다운 색을 구하고,
귀가 아름다운 소리를 구하고,
코가 향기를 구하고,

몸이 편안함을 구하는 것은 본성이다.

하지만 거기에는 명이 있기 때문에

군자는 본성이라고 하지 않는다.

이목구비와 사지는 하늘로부터 부여받은 것이고, 사람들은 누구나 욕구人欲가 있다. 바로 색色, 성聲, 향香, 미味, 촉觸 즉, 오욕五欲이다. 사람들은 여기서 자유로울 수 없다. 육신이 있는 사람이라면 당연히 거기에 끌리기 마련이다. 하지만 그렇다고 자신의 욕구를 무한정 추구할 수 없는 이유는 거기에 하늘의 뜻, 즉 '운명'이 있기 때문이다.

운명은 사람이 주관적으로 결정하거나 자기 마음대로 조종할 수 없는 것이다. 즉 나의 통제 범위를 벗어나 삶을 다스리는 최상위의 원리를 뜻한다. 또 다른 측면으로는 설사 욕구를 즐길 여건이 주어진다고 하더라도 그 본능을 무한하게 추구해서는 안 되는 도덕성을 말한다. 이때는 운명을 천명天命, 하늘이 명한 것이라고 한다. 하늘이 선한 본성을 사람에게 주었으니 이를 반드시 지켜야 한다고 명령하는 것이다.

마음에는 선한 도덕성이 있는 반면에 욕심과 감정도 함께 담겨 있다. 당연히 선한 도덕성은 잘 보존해야 하고, 욕심과 감정은 절제해야 한다. '마음을 비운다'라는 표현은 마음속에 아무것도 남기지

않는 상태가 아니다. 지나친 감정과 욕심을 버리고 선한 도덕성을
그 자리에 채우는 것이다. 하지만 본능적으로 발현되는 욕심을 줄
이는 데는 노력이 필요하다.

《맹자》〈진심하〉에서 그 방법을 말해준다.

> 명예를 좋아하는 사람은
> 전차 천 대를 가진 나라도 양보할 수 있지만,
> 그런 사람이 아니라면
> 밥 한 그릇, 국 한 그릇을 양보하는 일에도
> 좋아하지 않는 마음이 얼굴에 나타날 것이다.

우리 마음은 명예를 선택할 수도, 작은 이익을 선택할 수도 있다.
명예를 선택할 때 마음은 도덕성을 회복한다. 하늘이 준 것이기 때
문에 그 힘은 마치 눈앞에 있는 거대한 나라를 양보할 정도로 크다.
하지만 만약 눈앞에 있는 작은 밥그릇 하나도 양보하기 어렵다면
그 삶은 결국 옹졸해지고 왜소해진다.

《논어》에는 "군자는 의로움에 밝고, 소인은 이익에 밝다"라고 쓰
여 있다. 군자는 의로움의 욕구를, 소인은 이익의 욕구를 좇는 것이
다. 흥미롭게도, 의로움을 좇든 이익을 좇든 이 두 가지가 극에 달

하면 사람들은 목숨까지도 바친다. 의로움을 좇는 사람은 인의를 위해 목숨을 거는 살신성인殺身成仁의 삶을 살고, 탐욕을 좇는 사람들은 자신의 이익과 욕망을 충족하기 위해 목숨을 건다.

《명심보감》에 실려 있는 말이다.

"사람은 재물 때문에 죽고 새는 먹이 때문에 죽는다."

나는 어떤 가치를 따라 살고 죽을 것인가?

몸가짐이 발라야
정돈된 마음을 얻는다

먼저 외모를 바르게 한 다음에야

마음을 안정시킬 수 있다.

先從外貌收將去 方纔得安頓此心
선종외모수장거 방재득안돈차심

_〈여유당전서〉

《대학》에서는 수신修身에 앞서 정심正心을 제시한다. 바른 몸을 위해서는 바른 마음이 기반이 되어야 한다는 뜻으로, 몸과 마음의 연관성을 말한다. 몸과 마음은 서로 영향을 주고받아 어느 한쪽이 무너지면 다른 것도 제대로 할 수 없다. 따라서 옛 선비들은 몸과 마음의 수양을 함께 해야 한다고 보았고, 어느 한쪽에 치우친 수양은 바람직하지 않다고 보았다. 이를 잘 말해주는 고사가 《논어》에 실려 있다.

위나라 대부 극자성이 공자의 제자 자공에게 "군자는 본디 바탕만 갖추면 되지, 겉모습이나 형식을 꾸며서 무엇하겠습니까?"라고 묻자, 자공은 "무늬도 바탕만큼 중요하고 바탕도 무늬만큼 중요합니다. 호랑이와 표범의 가죽에 털이 없다면, 개와 양의 가죽과 다를 바 없습니다"라고 대답했다. 학문과 수양으로 내면을 잘 갖추었다면 겉으로도 잘 표현할 수 있어야 한다는 가르침이다.

학문과 수양은 깊은데 그것이 겉으로 잘 드러나지 않는 사람은 거칠고 야만적으로 보일 수 있다. 반면에 내면은 잘 갖춰져 있지 않은데 겉만 번드르르한 사람은 형식에 치우친 사람이다. 심하면 가식적이 된다. 진정한 군자는 겉과 속이 잘 어우러져야 한다. 잘 알려진 성어 '바탕이 겉모습을 앞지르면 거칠고, 겉모습이 바탕을 앞지르면 겉만 번지르르하게 된다. 바탕과 겉모습이 조화롭게 되어야 군자답다'가 말해주는 바다.

《관자》〈제자직〉에는 일상에서의 올바른 몸가짐을 말하는 구절
이 실려 있는데, 마치 어린아이를 가르치듯이 상세하다.

얼굴빛이 안정돼 있으면 마음도 반드시 경건해지므로
아침에 일찍 일어나서 저녁에 잘 때까지
옷매무새와 띠를 항상 단정히 해야 한다.

**아침저녁으로 배우고 익혀야 하며
마음을 작게 하고 공경하는 태도를 지녀야 한다.**

이러한 마음가짐을 한결같이 유지하면서
조금도 나태해지지 않는 것을 '배움의 방법'이라고 한다.

진정한 배움이란 마음의 수양과 함께 단정한 외모가 뒷받침되어
야 한다는 말이다. 여기서 '마음을 작게 한다'라는 말은 조심스럽고
신중한 마음을 뜻한다. 이런 마음에서 공경하는 자세가 우러날 수
있다.

다산 정약용은 아들들에게 학문과 수양의 중요성을 항상 강조했

고, 그와 더불어 올바른 몸가짐도 당부했다. 올바른 몸가짐이 학문과 수양에 깊은 연관이 있다고 보았기 때문이다. 특히 그 당시는 자유분방함을 중요시했던 풍조가 젊은이들 사이에 만연했다. 그래서 정약용은 두 아들이 풍조에 물들지 않을까 염려해서 더 절실하게 가르쳤다.

"지난번에 너를 보니, 옷깃을 여미고 무릎 꿇고 앉으려 하지 않아 나의 젊은 시절의 병통이 너에게 옮겨간 것 같더구나. 이는 옛 성인이 사람을 가르칠 때 '먼저 외모를 바르게 한 다음에야 마음을 안정시킬 수 있다'고 했던 것을 모르기 때문이다. 세상에 비스듬이 눕고 삐딱하게 서서 큰 소리로 지껄이고 어지러이 보면서 공경하는 마음을 간직할 수 있는 사람은 없다. 그러므로 몸을 움직이고, 말하고, 얼굴빛을 바르게 하라. 학문을 하는 데 가장 먼저 해야 할 것이니, 이 세 가지에 힘쓰지 못한다면 아무리 하늘 높은 재주와 남보다 뛰어난 식견을 가졌더라도 끝내 발을 땅에 붙이고 바로 설 수 없다."

젊은 시절 다산도 속박을 싫어해서 자유분방한 행동을 했고, 이는 나이가 들어서도 쉽게 고치지 못하는 결점이 되었다고 다산은 스스로 고백한다. 그러한 자세와 행동이 자신에게서 아들로 옮겨간 것이 아닌지 안타까워하며 간곡하게 가르친다.

다산은 두 아들뿐만 아니라 제자들에게도 바탕과 겉모습이 어우러지는 올바른 배움의 자세에 대해 항상 강조했다. 제자 반산 정수칠에게는 이렇게 말했다.

“활달하여 자유스러움을 좋아하고 구속을 싫어하는 자는 말하기를 ‘하필 꿇어앉아야만 학문을 할 수 있는 것인가’라고 생각하지만, 이 또한 그릇된 것이다. 무릇 사람은 경건한 태도를 지을 때 그 무릎이 저절로 꿇어지며, 꿇어앉은 자세를 풀면 속마음의 경건함도 같이 해이해진다. 안색을 바르게 하고 말씨를 공손히 하려면 꿇어앉지 않고는 할 수 없다. 이 한 가지 일에 따라 자신의 의지와 기개志氣가 드러나니, 무릎을 꿇지 않을 수 없는 것이다.”

배움에 대한 열망과 경건한 마음이 있다면 자연스럽게 무릎을 꿇는 자세가 나온다. ‘무릎을 꿇어야 바른 자세다’라고 강요하는 것이 아니라, 마음이 올바르다면 행동이 저절로 나온다는 말이다. 겉모습이 해이해지면 마음의 경건함도, 배움에 대한 열망도 함께 사라지고 만다.

이러한 이치는 배움에서만이 아니라 삶의 모든 데서 통한다. 일도 그렇고 일상의 태도도 그렇다. 다산은 귀양지에서도 새벽 시간에 마당을 쓰는 일과로 하루를 시작했다. 다산에게 이 시간은 새롭게 하루를 시작하기 위해 마음을 정돈하는 시간이었다. 단정한 몸가짐과 정돈된 환경에서 안정된 마음이 생긴다. 마찬가지로 깨끗한 그릇에 바른 마음이 깃든다.

성숙한 대화는
상대방의 마음을 헤아린다

다른 사람의 마음을
내가 헤아린다.

他人有心 予忖度之
타인유심 여촌탁지

_《시경》

《맹자》〈양혜왕 상〉에는 맹자가 제나라 선왕宣王과 대화를 나누는 장면이 나온다. 제나라 선왕은 그 당시 맹자가 만났던 왕 중에서 학문적인 소양이 깊어 가장 대화가 잘 통하는 왕이었다. 또한 제선왕은 병법의 대가인 손빈孫臏과 함께 위나라를 무찔러 크게 이기는 등 당시 강국으로서의 면모를 확고히 했던 왕이다. 이를테면 문무를 겸비했던 왕이라고 할 수 있다.

제선왕은 맹자에게 패왕이 되는 방법을 물었고, 맹자는 단호하게 자신은 패왕에 대해서는 듣지 못했다고 말하며, 굳이 듣고 싶다면 왕도정치에 대해 말해주겠다고 했다. 왕도정치란 무력이 아닌 사랑으로 나라를 다스려야 반드시 강대국이 될 수 있다는 맹자의 통치 철학이었다. 제선왕은 자신처럼 무력을 좋아하는 사람도 왕도정치를 할 수 있겠냐고 물었고, 맹자는 "당연히 할 수 있다"라고 말하며 예전에 자신이 들었던 왕의 일화를 들려준다.

맹자는 제선왕이 행차를 할 때 제물로 쓰기 위해 끌려가는 소를 보고 불쌍히 여겨 양으로 바꾸라는 명령을 내렸던 일을 근거로 들었다. 그것은 '차마 하지 못하는 것을 하지 않는 마음'을 왕이 지녔음을 보여주는 사례였다. 측은지심惻隱之心, 즉 사람의 선한 본성 중 가장 근본이 되는 마음이다. 하지만 백성들은 왕이 소를 양으로 바꾼 이유는 그가 인색하기 때문이라고 비난했고, 왕은 자기 스스로도 왜 그랬는지 그 이유를 알 수 없었다고 맹자에게 말했다.

"참으로 과인이 인색하다고 말하던 백성들이 있는데, 제나라가 작지만 제가 어찌 소 한 마리를 아끼겠습니까? 그 소가 벌벌 떨면서 죄 없이 사지로 끌려가는 모습을 차마 볼 수 없어서 양으로 대체하라고 말했습니다."

맹자는 명쾌하게 그 이유를 설명했다.

"그것이 바로 인을 행하는 방법입니다. 왕께서는 소는 보셨지만 양은 보지 않으셨기 때문입니다. 군자는 살아 있는 짐승을 보았다면 그것이 죽는 모습은 차마 보지 못합니다. 또한 그것이 죽어가며 내는 소리를 들었다면 그 고기를 차마 먹지 못합니다. 이런 이유로 군자는 푸줏간을 멀리합니다."

맹자가 한 말에 제선왕은 내심 크게 기뻐하며 말했다.

"《시경》을 보면 '다른 사람의 마음을 내가 헤아린다'라고 했는데, 바로 선생을 두고 한 말입니다. 내가 그렇게 행하고도 왜 그렇게 했는지 그 까닭을 알 수 없었는데, 선생의 말씀을 들으니 내 마음이 비로소 맑아졌습니다."

제선왕이 인용했던 글은 원래 《시경》 〈교언〉에 있는 글이다. 〈교언〉은 아첨과 참언 때문에 큰 피해를 입은 대부가 그 폐해를 풍자하여 지은 시다. 《논어》에도 나오듯이 교묘한 말과 꾸민 얼굴로 사람을 속이는 행동은 올바른 도덕성을 지닌 사람은 하지 않는다. 교묘하고 간사하게 남을 비방하는 말은 결국 듣는 사람이 간파하고

야 만다. 마음으로 말을 들어서 아는 것이다. '교묘한 말 오고 가지만 마음으로 헤아리네'라는 시도 역시 같은 뜻이다. 오고 가는 말 중에 허풍 치는 말, 진실을 감추는 말을 들으면 그 말을 한 사람의 마음이 무엇인지 알 수 있다는 것이다.

《논어》의 맨 마지막에는 "말을 알지 못하면 사람을 알지 못한다"라고 쓰여 있다. 공자는 그 방법을 세세히 말해주지는 않았으나 맹자가 그 방법을 알기 쉽게 설명한다. 사람의 말을 듣고 그 마음을 아는 것은 통찰력이다. 이미 제선왕의 말을 듣고 그 마음을 헤아렸던 맹자는 자신의 방법을 말해준다. 제자인 공손추가 "스승님은 무엇을 잘하십니까?"라고 묻자 맹자는 "나는 말을 알고 호연지기浩然之氣를 잘 기른다"라고 대답했다.

맹자는 이렇게 설명했다.

편파적인 말을 들으면 한쪽이 가려진 것을 알고,
과장된 말을 들으면 그 자가 무엇에 빠져 있는지를 알며,
사악한 말에서는 도리에 벗어난 것을 알고,
핑계 대는 말을 들으면 그가 궁지에 몰렸다는 것을 안다.

맹자는 마음은 사람의 본성이고, 그 본성이 겉으로 표현된 것이

말이라고 했다. 따라서 맹자가 말을 안다고 했던 것은 사람의 본성을 이해한다는 뜻이다. 말을 들으면 그 사람의 마음을 알 수 있어야 한다. 맹자는 그 능력을 갖춘 사람이었다.

내 마음이 청결하고 깨끗하면 어떤 말을 들어도 영향을 받지 않는다. 그리고 말하는 사람의 마음을 헤아려 알 수 있다. 하지만 선불리 짐작해 앞에 선 사람의 마음을 안다고 생각하면 오히려 오해만 쌓인다. 앞서 제선왕과 맹자의 대화가 보여준 것처럼, 사람의 마음을 알려면 깊은 이해가 필요하다. 인문고전은 그 바탕을 길러줄 것이다.

마음 그릇이 가지런히
정돈된 사람은

다른 사람의 마음을
헤아릴 줄 안다.

25
주

평소의 생각이
어른의 태도를 만든다

하루 종일 배불리 먹고 마음 쓰는 데가 없다면 참으로 안타깝다.

바둑이라는 것이 있지 않으냐?

그것이라도 하는 것이 그래도 하지 않는 것보다는 낫다.

飽食終日 無所用心 難矣哉
不有博奕者乎 爲之猶賢乎已
포식종일 무소용심 난의재
불유박혁자호 위지유현호이

_《논어》

다산 정약용이 두 아들을 가르친 글이다.

집안을 다스리는 요령으로 새겨둘 두 글자가 있으니
첫째는 부지런할 근勤이요, 둘째는 검소할 검儉이다.

하늘은 게으른 것을 싫어하니 반드시 복을 주지 않으며,
하늘은 사치스러운 것을 싫어하니 반드시 도움을 내리지 않는다.

유익한 일은 한순간도 멈추지 말고
무익한 것은 털끝만큼도 도모하지 마라.

다산은 근검을 재물이나 권력보다 더 소중하다고 말하며 평생을 가지고 갈 계명으로 삼으라고 당부했다. 이와 아울러 자신이 가장 싫어하는 단어를 말했는데, 바로 소일消日이다. 소일은 '하는 일이 없이 시간을 보낸다'라는 뜻이다.

소일에서 소消는 사라지다, 없어지다의 뜻이다. 다산은 하늘이 준 가장 큰 선물인 시간을 헛되이 흘려보냄을 싫어했다. 자신의 삶에서 이것을 증명했다. 18년간의 고된 귀양 생활 중에 500여 권에 달하는 위대한 민족적 문화 유산인《여유당전서》를 완성했던 것이 바로 그 증거다.

시간은 하늘이 우리에게 준 가장 큰 선물이다. 자연처럼 누구에게나 공평하게 주어진다. 부귀한 사람이라고 해서 더 주고, 미천한 사람이라고 시간을 덜 받는 일은 없다. 누구나 공평하게 받은 그 선물을 어떻게 쓰느냐가 바로 인생의 성패를 좌우한다.

예문은 공자가 했던 말로《논어》〈양화〉에 실려 있다. 다산이 했던 말과 유사하나 미묘한 차이가 있다. 다산은 소일거리로서의 바둑을 그리 탐탁하게 여기지 않았다. 하지만 공자는 아무것도 하지 않느니 차라리 바둑을 두라고 했다. 여기서 하나 유의해야 할 점은 공자가 장기와 바둑 같은 오락을 적극적으로 권하지는 않았다는 것이다. 공자는 무의도식하며 시간을 보내는 것 자체를 경계했던 것으로 보인다.

원문에서 용심用心이란 말 그대로 '마음을 쓰는 것'이지만, 공자가 말했던 본뜻은 '생각'과 가깝다. 아무런 생각도 없이, 아무런 일도 하지 않으면 사사로운 생각이 틈타기 때문이다. 바로 나태함이다. 이런 나태함에 젖을 때 세상의 악에 물들기 쉽고 유혹에 넘어가기 쉽다. 무언가를 해야 잡념이 틈타지 않음은 우리도 많이 경험해 봤을 것이다. 만약 그 시간에 독서를 한다면 최상이다. 같이 유흥을 즐길 짝을 찾지 않아도 되고, 스스로 성장할 수 있고, 나를 성찰할 수 있기 때문이다.

생각은 일에 대해서만 적용되지 않는다. 사람답게 살려면 삶의 모든 순간에 생각하는 과정을 거쳐야 한다. 〈계씨〉에 실린 군자유구사君子有九思가 그것을 말해준다.

군자에게는 항상 생각하는 것이 아홉 가지가 있다.

볼 때에는 밝게 볼 것을 생각하고,

들을 때에는 똑똑하게 들을 것을 생각하고,

얼굴빛은 온화하게 할 것을 생각하고,

몸가짐은 공손하게 할 것을 생각하고,

말할 때는 진실하게 할 것을 생각하고,

일할 때는 공경스럽게 할 것을 생각하며,

의심이 날 때는 묻는 것을 생각하고,

성이 날 때는 뒤에 겪을 어려움을 생각하고,

이득이 될 것을 보았을 때는 그것이 의로운가를 생각한다.

이 모든 행동을 하기 전에 반드시 생각하는 과정을 거쳐야 군자로서의 품격이 지켜질 수 있다. 품격은 태생적으로 저절로 갖추어지지 않는다. 높은 지위와 힘써 이룬 부가 말해주는 바도 아니다.

높은 학문과 고차원적인 사상으로도 얻을 수 없다. 진정한 품격은 순간순간의 행동, 하루하루의 삶에 충실함으로써 얻게 되는 덕목이다.

나를 바로 세워 올바른 삶을 살고, 나 자신의 이익만을 추구하지 않고 다른 사람을 진심으로 배려하는 마음이 바로 진정한 품격이다. 생각은 그 바탕이 된다. 진전과 성장을 만들고, 삶의 모든 순간에 사람다움, 즉 품격을 지킬 수 있게 해준다.

또 한 가지, 생각을 하면 자신을 구할 수 있다. 그것이 무엇이든 상관없다. 바둑과 같은 일뿐만 아니라 세상에 나가 큰일을 도모할 능력도 준다.

《대학》은 세상에서 큰일을 하기 전에 반드시 거쳐야 할 과정을 〈경1장〉에서 이렇게 말한다.

머물 줄 안 후에야 정해지는 것이 있고,
정해진 후에야 마음이 고요할 수 있으며,
마음이 고요한 후에야 평안할 수 있고,
평안한 후에 생각할 수 있고,
생각한 후에 얻을 수 있다.

어떤 일을 하든 멈추어 바른 곳에 머무를 때, 마음의 평안을 얻
는다. 평안한 후에는 생각할 수 있다. 그 생각이 어른의 그릇을 빚
어낸다.

마음공부는
현실의 한계를 뛰어넘는다

바다를 본 자는 다른 물을
물이라고 하기 어렵다.

觀於海者難爲水
관어해자난위수

_《맹자》

　《맹자》에 실린 예문은 이루고 싶은 꿈이 있다면 반드시 높은 안목과 담대한 기상을 가져야 한다는 뜻이다. 만약 쌓아온 경험과 가진 지식이 경지에 미치지 못하다면 일을 이루기는커녕 자신의 실체가 어떠한지조차 알 수 없게 된다. 하룻강아지 범 무서운 줄 모르게 되고 우물 안 개구리가 세상 넓은 줄 모르게 되는 것이다. 예문의 전문은 이렇다.

공자가 동산에 오르고 보니 노나라가 작아 보였고,
태산에 오르고 보니 천하가 작아 보였다.
그러므로 바다를 본 자는 다른 물을 물이라고 하기 어렵다.
성인의 문하에서 노닐었던 자는 다른 말을 하기 어렵다.

　세상에는 직접 경험하지 않고는 알 수 없는 일들이 많다. 워낙 넓고 다양하기에 감히 상상조차 못하는 일이 일어나기 때문이다. 이는 탁월한 경지에 이르렀던 공자도 마찬가지였다. 어느 날 공자는 자신이 알던 것보다 세상이 더 크고 광범위하다는 사실을 절실히 깨닫는다. 그는 동산에 올라 노나라가 작다는 사실을, 태산에 올라 천하가 작다는 사실을 알게 되었다. 그리고 바다를 보고서야 그 거대함을 알고, 다른 물의 빈약함을 알게 되었다. 이를 수양의 경지, 즉 추구하는 '도'와 연관해서 알려준 사람이 바로 맹자다. 맹자는 이어서 그 방법을 말해준다.

물을 보는 데에는 방법이 있다.
반드시 그 여울을 보아야 한다.
해와 달에는 밝음이 있어 빛을 받아들이는 곳이라면
어디든지 반드시 비춘다.
흐르는 물은 웅덩이를 채우지 않으면 앞으로 나가지 않는다.
군자는 도에 뜻을 두는데,
경지에 이르지 않으면 도달할 수 없다.

물은 아래로 흐르지만 항상 가로막는 것이 있기 마련이다. 만약 언덕이 있으면 물은 가로막힌다. 하지만 물은 곧 더 낮은 곳을 찾아 흐르게 된다. 웅덩이를 만나도 마찬가지다. 나아가다가 웅덩이를 만나면 그 웅덩이를 먼저 채운 다음 나아간다. 도를 추구하는 수양도 마찬가지다. 높은 경지의 도를 추구하다 보면 반드시 어려움을 만난다. 포기하고 싶은 순간도 있고, 지쳐서 쓰러질 수도 있다. 하지만 이루고자 하는 목표를 낮추어서는 안 된다. 언젠가 웅덩이가 차고 앞으로 나아갈 것이다.

공자의 제자 염유는 정치에 뛰어나 공문십철에 꼽히기도 했지만, 성품은 그에 미치지 못했다. 염유의 성향은 〈옹야〉에 실린 공자와의 대화에서 잘 드러난다. 염유는 "선생님의 도를 좋아하기는 하지만 제 능력이 부족합니다"라고 말하며 학문과 수양의 어려움을 토로했다. 그러자 공자는 "능력이 부족한 자는 도중에 가서 그만두는 것인데, 지금 너는 미리 선을 긋고 물러나 있구나"라고 꾸짖었다.

공자는 도전하지도 않고 미리 포기하는 소극적인 염유의 성향을 꾸짖었다. 훗날 염유는 그 당시 노나라의 권력 가문인 계 씨를 위해 백성들을 착취하다가 공자로부터 파문을 당하기도 했다. 담대하게 도전하지 않는 소극성과 쉽고 편안한 일만 추구하는 성향의 사람이 지닌 한계일 것이다. 이런 사람은 어떤 일을 하든지 조그마한 어려움이 닥쳐도 쉽게 포기한다. 또한 쉽고 편한 길이나 편법을 추구하다가 옳지 못한 길에 들어서고 만다.

맹자에게도 이런 성향의 제자가 있었다. 맹자가 총애했던 공손추다. 공손추는 맹자 철학의 가장 중요한 핵심을 나누었던 제자일 뿐만 아니라, 중요한 사안이 있을 때마다 맹자와 함께 논의하고 의견을 나누던 사람이었다. 이로써 미루어보면 공손추는 학문적으로나 수양의 측면에서 맹자의 가장 뛰어난 제자라고 불릴 만하다. 그러한 공손추 역시 스승인 맹자의 학문이 너무 높고 깊어서 도저히 따르기 힘들다고 하소연을 했다.

"도는 높고 아름답습니다. 하지만 마치 하늘에 오르는 것과 같아서 도저히 도달하지 못할 것 같습니다. 기준을 조금만 낮추면 더 열심히 노력하지 않겠습니까?"

앞서 공자의 제자 염유는 자신의 능력을 탓했지만 공손추는 한 걸음 더 나아간다. 도의 차원이 조금만 낮았더라면 자신이 더욱 열심히 수양하고 노력했을 텐데, 너무 높은 바람에 도저히 엄두를 내기 힘들다는 것이다. 자신의 부족함을 돌아보는 자세가 아니라 도의 차원이 너무 높다는 핑계를 댔다. 그러자 맹자는 이렇게 대답했다.

"훌륭한 목수는 서툰 목수를 위해 먹줄을 고치거나 없애지 않고, 예羿는 서툰 사수를 위해 활을 당기는 기준을 고치지 않는다. 군자는 다른 사람을 가르칠 때 활쏘기를 가르치는 것처럼 활을 끝까지 당길 뿐 발사하지 않음으로써 활을 쏘고 싶게 만든다."

맹자는 먼저 진정한 가르침에 대해 목공과 활쏘기를 예로 들어 말했다. 목공이 목수 일을 할 때 가장 중요한 도구는 먹줄이다. 먹줄은 선을 바르게 하여 나무를 곧고 바르게 가다듬을 수 있게 한다. 만약 좀 더 쉽게 목공 일을 하려고 먹줄을 고치거나 없앤다면 기준이 없어진다. 근본이 흔들리는 것이다. 목수는 먹줄을 비롯한 목공 도구에 대해서는 타협할 수 없다. 활을 쏘는 것도 마찬가지다. 활의 고수인 예는 제자가 제대로 쏘지 못한다고 해서 거리를 줄여주거나 기준이 되는 점수를 낮춰주지 않는다. 실력이 늘지 않을 뿐더러

일을 이루기 위해 수단과 방법을 가리지 않는 편법과 불법을 배우기 때문이다.

　내게 주어진 그릇의 의미와 가치를 높이기 위해서는 반드시 지식과 경험이 쌓여야 한다. 아무리 좋은 성품이라고 해도, 보지 못하고 경험하지 못한 것을 이룰 수는 없다. 장자는 정저지와井底之蛙, '우물 안 개구리'의 고사로 그 가르침을 준다. 바다의 신 약若이 황하의 신 하백河伯에게 충고했던 말이다.

우물 안 개구리에게는 바다를 설명할 수 없다.
우물이라는 공간의 한계에 갇혀 있기 때문이다.
여름에만 살다 죽는 곤충에게는 얼음을 알려줄 수 없다.
시간의 제약이 있기 때문이다.
어설픈 전문가에게는 진정한 도의 세계를 말해줄 수 없다.
그는 자신의 지식에 갇혀 있기 때문이다.

　그 어떤 동물도 자신이 알고 있는 본능적인 지식 이상의 능력을 발휘할 수는 없다. 사람 역시 이러한 한계 때문에 제한되지만, 사람에게는 현실을 벗어나 도약하고 싶은 의지가 있다. 공부하며 배우고, 세상에서 쌓은 경험이 어른의 그릇을 쌓는 바탕이 된다.

나를 바르게 해야
주변 사람을 바르게 한다

자기 수양을 통해 백성들을 평안하게 해주어야 한다.
이러한 다스림은 요순임금도 어렵게 여겼다.

修己以安百姓 堯舜其猶病諸
수기이안백성 요순기유병저

_《논어》

《논어》〈자로〉에 이런 고사가 실려 있다.

공자가 제자 염유와 함께 위나라에 갔다. 공자가 "위나라 인구가 많다"라며 감탄하자, 염유는 "인구가 많으니 무엇이 더 필요할까요?"라고 물었다. 그 당시에는 국력을 판단할 때 얼마나 인구가 많은지로 평가했다. 총명한 염유는 정치에 관심과 자질이 있어서 백성을 잘 다스리는 방법을 더 알고 싶었다. 그래서 "그다음에는 무엇을 해야 할까요?"라고 물었다. 이에 공자가 "그들을 잘살게 해 주어야 한다"라고 말했다. 이어 염유가 "잘살게 되면 또 무엇을 해야 할까요?"라고 다시 묻자 공자는, "그들을 가르쳐야 한다"라고 말했다.

이 고사에서는 세 가지 단계를 거쳐 백성을 다스리는 방법을 알려준다. 가장 먼저 국력이 강해야 한다. 외래의 침범이나 예기치 못한 일들로부터 백성을 지켜야 하기 때문이다. 그다음은 국민의 부유함이다. 덕을 숭상해 평생을 배우고 수양했던 공자도 백성들의 삶이 풍족하기를 바랐다.

먼저 백성이 먹고살수 있도록 한 다음에야 백성에게 올바른 도리를 가르칠 수 있다는 것이다. 이는 맹자도 말했던 바인데, "생업이 없으면서도 한결같은 마음을 지닐 수 있는 사람은 오직 선비뿐이다. 일반 백성은 생업이 없으면 일정한 마음을 가질 수 없다"라고 말하며, 안정된 생업을 강조했다.

그다음에 가르침이 이뤄진다. 나라의 부강과 백성의 풍족함 다음은 반드시 백성들에게 올바른 덕을 가르쳐야 한다는 것이다.

《논어》〈헌문〉은 백성에게 베풀 수 있는 최상의 경지를 말했다. 여기서 공자는 물질적인 충족보다, 덕의 수양보다 마음의 평안을 가장 높은 가치로 보았다. 그 시작은 지도자 자신의 평안이다. 자로가 군자에 대해 묻자, 공자가 이렇게 말했다.

"자기 수양을 통해 공경스러워져야 한다."

"그렇게만 하면 됩니까?"

"자기 수양을 통해 사람들을 평안하게 해주어야 한다."

"그렇게만 하면 됩니까?"

"자기 수양을 통해 백성을 평안하게 해주는 것은 요임금과 순임금도 오히려 어렵게 여겼던 일이다."

공자와 제자들의 대화에서 자주 볼 수 있는 문답 방식이다. 마치 고대 서양의 소크라테스 대화법을 보는 것과 같다. 동서고금을 통틀어 탁월한 현자들의 가르침은 일맥상통한다. 단순한 지식의 전수에서 벗어나 배움이 실제 삶에서 적용될 수 있도록 이끈다.

공자의 가르침은 군자로서의 자격을 확장시킨다. 가장 먼저 수양을 통해 자신을 공경스럽게 한다. 그 어떤 가르침도 시작은 자신이어야 한다. 아무리 탁월한 능력과 학식이 있어도 그것을 실천하지 않으면 헛것이다. 단순히 지식으로 머물 뿐 진정한 자신의 것이라고 할 수 없다. 당연히 다른 사람을 바른길로 이끌지도 못한다.

맹자는《맹자》에서 이렇게 말했다.

"진정한 어른이란 스스로 바르게 함으로써 주위 사람을 바르게 한다."

여기서 어른이란 군자와 같은 뜻이다. 군자가 다른 사람에게 존경을 받으려면 반드시 자신을 바르게 하는 것이 먼저이다. 그런 다음에야 다른 사람을 가르칠 자격이 생긴다.

《중용》에서는 순임금이 거론되면서 예문이 뜻하는 바가 이렇게 설명되었다.

순임금은 아마 대단히 지혜로웠을 것이다.
순임금은 묻기를 좋아하시고 평범한 말을 살피기를 좋아했으며
다른 사람의 나쁜 점은 숨기고 좋은 점은 널리 알렸다.
두 끝을 잡고 중용을 지켜 백성에게 베풀었으니
이점이 순임금이 된 까닭이다.
정성이란 자기를 완성하는 것만을 의미하는 것이 아니다.
그것은 다른 사람에게 도움을 주는 것이기도 하다.
자기를 완성하는 것은 인이고 다른 사람을 완성하는 것은 지다.

《중용》에 실린 또 하나의 핵심 덕목인 '정성'은 자기완성만이 아

닌, 주위의 다른 사람에게까지 선한 영향을 끼치는 것이다.

그다음은 백성에게 선한 영향을 끼쳐야 한다. 평범한 사람들은 주위 사람에게만 선한 영향을 끼치면 된다. 하지만 나라를 다스리는 사람이라면 반드시 나라의 백성 모두에게 선한 영향을 끼쳐야 한다.

모든 사람에게 존경받는 어른은 이토록 선한 영향력으로 세상을 이롭게 한다. 이것이 공자와 맹자가 말한 진정한 의미의 어른이자 군자였을 것이다.

3장

닦아내기

오래된 나를 씻고 새로운 뜻을 세우기

욕심을 덜어내면
화가 저절로 풀린다

손괘의 상 풀이에서 말했다.

"산 아래에 못이 있는 것은 덜어냄이니

군자는 이것으로 화를 누르고 욕심을 막는다."

損之象曰 山下有澤損 君子以懲忿窒慾
손지상왈 산하유택손 군자이징분질욕

_《주역》

《논어》〈술이〉에 이런 말이 있다.

"나에게 몇 년의 시간이 더 주어져 오십까지 《역경(주역)》을 공부할 수 있다면 인생에 큰 허물은 없을 것이다."

이 말은 학문과 수양에서 최고 경지에 올랐던 공자가 했던 말로 《주역》이 얼마나 심오한 인생의 철학을 담은 책인지 잘 알 수 있다. 오늘날 우리는 《주역》을 단순히 점괘에 따라 불행을 피하고 행운만을 취하는 책으로 오해한다. 《주역》은 좋든 나쁘든 인생을 살면서 우리가 접하는 안 좋은 상황들을 자기 주도적으로 해결할 지혜를 알려준다. 나쁠 때는 더 많은 노력과 수양으로 그것을 해결하고, 좋을 때는 겸손과 올바른 처신으로 패망을 막도록 돕는 책이다.

예문은 《주역》〈상전〉에 실린 글로 분노와 욕심을 막는 방법을 알려준다. 화를 절제하지 못하는 오늘날 많은 사람에게 가장 필요한 지혜라고 할 수 있다. 과거 높은 수양의 경지에 있는 옛 선비라고 예외는 아니었다. 명도선생明道先生이라고 불리는 북송의 유학자 정호程顥가 말했다.

"사람의 감정 중에서 쉽게 일어나 다스리기 어려운 감정은 분노다. 하지만 화가 날 때 얼른 그 화를 잊고 사리의 옳고 그름을 살펴보면 외부의 자극이 사실은 미워할 만한 것이 아님을 알게 된다. 그러면 도를 향하는 마음이 이미 절반은 이루어진 셈이다."

　　성리학의 창시자 주자도 "나의 기질의 병통은 대부분 분노와 원망을 다스리지 못하는 데 있다"고 하며 스스로 부정적인 감정을 다스리기 어렵다고 토로했다.

　　탐욕과 욕심에 대해서는 다산 정약용의 해석이 가장 날카롭고 통렬하다. 다산은 자신의 책《심경밀험》에서 이렇게 말했다.

자기가 갑자기 죄와 허물에 빠져 부끄럽고
후회스러울 때를 점검하면 재물이 아니면 여색 때문이다.
다른 사람이 갑자기 명성이 추락하고
오명이 세상에 가득할 때를 점검하면
역시 재물이 아니면 여색 때문이다.

　　공자는 분노와 욕심, 이 둘을 군자유구사君子有九思, '군자로서 항상 생각해야 하는 아홉 가지'라고 이렇게 밝혔다. 그중 끝부분에서 "화가 날 때는 어려움을 생각하고, 이득이 되는 것을 보면 그것이 의로운지를 생각한다"라고 가르친다.

　　공자는 화가 날 때, 그로 인해 닥칠 곤란한 상황을 먼저 생각해야 한다고 말했다. 분노를 자제하지 못하면 다른 사람에게 피해를 주고, 그로 인해 또다른 문제들이 생긴다. 다음으로 욕심이 생길 때의 해법은 '이득을 볼 때'에 있다. 순간의 이득을 취하기 위해 의롭지 못한 일을 저지르면 역시 좋지 못한 결과를 가지고 온다. 설사 나쁜 일이 생기지 않더라도 탐욕에 빠짐으로써 자기 수양에 실패하는 일을 옛 군자들은 더욱 아프게 생각했다. 공자는 이 경우에도 역시 그것이 의로운지를 먼저 생각하라며 해법을 제시한다.

《주역》〈손괘〉의 가르침도 같은 맥락이다. 〈괘사〉는 이렇게 말한다.

"비워야 하는 상황이다. 믿음을 가져라. 큰마음으로 하면 길하고 허물이 없다. 바로잡을 수 있으니, 가는 바가 있으면 이롭다. 무엇을 제사에 쓰겠는가? 두 개의 대그릇으로도 제사를 올릴 수 있다."

〈단전〉에는 "두 대그릇이 마땅할 때가 있고, 강함을 덜어서 유함에 덧붙이는 데에도 때가 있다. 덜어내고 덧붙이고 채우고 비우는 것은 때에 맞게 해야 한다"라고 실려 있다.

〈괘사〉와 〈단전〉에서 알려주는 것은 바로 중용의 도리다. 화를 절제하지 못하고, 욕심 때문에 마음을 잡지 못할 때 해야 할 일은 나 자신을 돌아보는 것이다. 하지만 있는 그대로 나 자신의 모습을 돌아보는 일은 결코 쉽지 않다. 옛 선인들이 계속해서 수양을 반복하는 이유가 바로 그 때문이다.

《도덕경》에는 이렇게 실려 있다.

지혜로운 사람은 사람을 알고,
명철한 사람은 자신을 안다.

다른 사람을 이기는 자는 힘이 있지만
자기를 이기는 자는 강하다.

자신을 알고 화를 이겨내기란 무척 어려운 일이다. 하지만 극복
한다면 얻을 수 있는 바는 크다. 내 그릇을 바로 세우고 정도를 걸
을 수 있다. 그 길은 어떤 상황에도 패망하지 않는 길이다.

오늘의 화를 다스려
내일의 덕으로 베풀 줄 안다면
어른에 한 걸음 더 가까워진 것이다.

자기를 내려놓으면
마음을 지킨다

공자는 네 가지를 절대로 하지 않았다.

사사로운 뜻을 품지 않았고,

반드시 해야 한다는 일이 없었고,

고집을 버렸고, 아집을 버렸다.

子絶四 毋意 毋必 毋固 毋我
자절사 무의 무필 무고 무아

_《논어》

우리는 흔히 공자처럼 심오한 경지의 학자는 특별한 무언가가 있다고 생각한다. 높은 학문과 깊은 수양, 특별한 수련법 등 보통 사람들이 도저히 행하기 어려운 것들을 상상한다. 하지만 공자는 물론 높은 경지의 철학자들은 한결같이 그 시작은 일상이라고 말했다. 공자는 하학이상달下學而上達, 즉 일상의 배움에서 시작해서 하늘이 인정한 높은 경지까지 도달할 수 있다고 말했고, 맹자는 좌우봉원左右逢源, 가까운 곳에서 수양의 원천을 만날 수 있다고 전했다.

예문은 《논어》 〈자한〉에 실린 글로 공자가 수양을 위해 일상에서 지켰던 신념을 말해준다. 공자가 일상의 수양을 위해 버려야 할 것으로 꼽았던 대표적인 네 가지다. 하지만 이 말은 공자가 직접 했던 것은 아니다. 제자들이 스승인 공자가 그 어떤 상황에서도 마음을 굳게 지키는 모습을 보고 느꼈던 점을 집약한 말이다.

'사사로운 뜻이 없다'란 공명정대함이다. 내 멋대로 생각해서 편견에 사로잡히거나 억측을 하는 일이 없는 것이다. 그리고 확실치 않은 생각으로 판단하고 남에게 강요하지 않는 것이다. 사사로운 뜻에 사로잡히면 자신의 이익이나 욕심을 취하고, 자기를 내세우게 된다. 모르는 것을 인정하기 싫은 자존심, 자기 생각만이 옳다고 생각하는 자만심, 확실치 않은 것을 자기 의도에 맞게 미루어 생각하는 이기심, 다른 사람을 인정하지 않는 교만 등이 바로 그것이다.

‘반드시 해야 할 일이 없다’는 말은 순리에 벗어난 일을 하지 않는다는 의미이다. 소위 말해서 억지를 부리지 않는 것이다. 사람과 일, 사람과 사람의 관계에서는 상황이나 상대의 입장에 따라 적절히 바꾸고 조정해야 할 때가 있다. 그런데도 내 생각만 옳다는 신념에 사로잡혀 무조건 관철시키면 누군가에게는 피해가 될 수 있고, 일을 진행할 때도 장애가 된다.

‘고집을 버린다’는 말은 신념이나 원칙에만 집착하지 않고 유연하게 상황에 대처해야 한다는 뜻이다. 아무리 좋은 덕목이라도 지나치면 오히려 해악이 될 수도 있다. 용기가 지나치면 만용이 되고, 예의가 지나치면 아부가 된다. 공자는 항상 그것을 염려하고 경계했는데, 맹자가 “공자께서는 지나치도록 심한 일을 하지 않으셨다”라고 한 말이 그것을 잘 보여준다. 《초사》에 ‘한 척도 짧을 때가 있고, 한 촌도 길 때가 있다’라는 성어가 있다. 상황에 따라 적절히 적용할 수 있어야 문제가 생기지 않는다는 말이다.

‘아집이 없다’는 모든 일들을 자신의 이익을 위해서 취하지 않는다는 뜻이다. 아집이 강한 사람들은 자신만의 생각에 사로잡혀 있기 때문에 다른 사람을 배려하지 않는다. 대의大義가 아니라 스스로의 욕심과 탐욕을 앞세우기에 크게는 나라, 작게는 조직에서도 덕이 되지 못한다. 아전인수我田引水, ‘가물 때 자기 논에만 물을 대는 사람’은 이기적인 사람이다. 평소의 생각이나 행동에도 이렇게 하는 사람이 있다. 모든 일을 자기 위주로 해석하고 행동한다. 설사 잘못을 범해도 그럴듯하게 포장해 자신을 꾸민다. 이런 사람에게 진정한 성장은 없다.

결국 자기 마음을 지키는 일이 중요하다. 그것이 공자가 말한 네 가지 일이기도 하다. 이 마음가짐은 상대의 마음도 지켜주고, 상황을 원만하게 해결하도록 돕는다.

자만심, 이기심, 탐욕뿐만 아니라 좋은 뜻을 위한 의지나 끈기, 인내도 지나치면 마음을 해칠 수 있다. 언제나 균형 잡힌 마음으로 유연하게 살아갈 때 마음의 평안을 지킬 수 있다.

바른 마음을 따라
온갖 감정을 다스린다

마음이 없으면 보아도 보이지 않고,

들어도 들리지 않고, 먹어도 그 맛을 알지 못한다.

이를 일러 수신이라 하니 그 마음을 바르게 함에 있다.

心不在焉 視而不見 聽而不聞 食而不知其味
此謂修身 在正其心
심부재언시이불견청이불문식이부지기미
차위수신 재정기심

_《대학》

예문은 《대학》 〈전7장〉의 글이다. 세상에 나가 큰일을 하고 싶다면 반드시 수신이 되어야 하는데 수신을 위한 마지막 단계인 정심에 대해 설명한다.

"이른바 수신이 그 마음을 바르게 함에 있다는 것은, 몸에 분하고 노여워하는 바가 있다면 그 바름을 얻을 수 없고, 두려워하고 근심하는 바가 있어도 그 바름을 얻을 수 없고, 좋아하고 즐기는 바가 있어도 그 바름을 얻을 수 없고, 근심하고 걱정하는 바가 있어도 그 바름을 얻을 수 없다는 뜻이다."

여기서 정심이란 수양의 가장 중요한 대목이지만 복잡하고 어려운 것이 아니라 단 한마디로 집약된다. 바로 감정의 다스림이다.

여기서 말하는 감정이란 분치忿懥(분노와 원망), 공구恐懼(무서움과 두려움), 호락好樂(좋음과 기쁨), 우환憂患(근심과 걱정)의 여덟 가지이다. 비슷한 뜻을 가진 두 가지 말을 겹쳐 놓았는데 그만큼 강력하다는 의미로 해석된다. 이처럼 사람의 감정은 한마디로 정의하기 어렵다. 정작 감정을 표출하는 자신도 어떤 마음인지 모르는 경우가 많다.

어떤 식으로든 드러내거나 속으로 품고 삭이는 감정이 왜 일어났는지를 알면 그 해법을 알겠지만, 명확히 알지 못하기에 해결하지도 가라앉히지도 못하는 것이다. 그래서 수양의 최고 경지에 올랐던 옛 선비들마저 자신의 한계를 인정할 수밖에 없었고, 끊임없이 스스로를 단련했던 것이다.

그다음 구절, "마음이 없으면 보아도 보이지 않고, 들어도 들리지 않고, 먹어도 그 맛을 알지 못한다"라는 예문은 전체 흐름에서 다소 이질적으로 보이기도 한다. 이는 마치 '사람은 보고 싶은 것만 본다'라는 인지심리학의 명제를 풀어쓴 듯도 하다. 또한 이 문장은 몰입과 집중의 중요성을 설명할 때 많이 인용되기도 한다. 마음을 집중하지 않고 일을 대하면 그 실상을 제대로 알지 못하고, 그 의미도 제대로 파악할 수 없다는 의미로도 쓰인다.

다산 정약용은《대학강의》에서 이 구절을 이렇게 풀어준다.

사슴을 쫓는 사람은 태산을 보지 못한다.
마음이 사슴에 있기 때문에 보아도 보이지 않는 것이다.
좌선을 하는 사람은 우레 소리를 듣지 못한다.
마음이 화두에 있기 때문에 들어도 들리지 않는 것이다.
공자가 소韶(고대 순임금의 음악)를 듣고 고기 맛을 몰랐던 것은
마음이 음악에 있기 때문에 고기를 먹으면서도
그 맛을 몰랐던 것이다.

물론 이러한 해석도 충분히 의미가 있지만 예문의 구절에는 또 다른 뜻이 있다. 이 문장에서는 수신(몸을 닦는 것)과 정심(마음을 바르게 하는 것)이 상관관계를 갖는다. 이어지는 뒷문장 "이를 일러 수신이라 하니 그 마음을 바르게 함에 있다"와 연결해서 읽어보면 그 의미가 분명해진다.

몸을 닦는 수신의 시작은 마음을 바르게 하는 것이고, 마음을 다 하지 않으면 몸의 수양은 이루어질 수 없다. 주자는 "마음을 제대로 지키지 못하면 몸도 바르게 할 수 없다. 이 때문에 군자는 반드시 마음이 바르게 지켜지는지를 살펴 삼감으로써 마음을 굳게 한다. 그런 뒤에야 이 마음은 오래도록 지켜지고 몸 또한 닦이지 않음이 없게 된다"라고 말했다. 여기에 대해 다산도 답을 제시하는데, 그 내용은 《대학공의》에 실려 있다.

몸과 마음은 오묘하게 결합되어 있어서
나누어 말할 수 없다.
마음을 바르게 하는 것은 곧 몸을 바르게 하는 것이니
다른 두 개의 공부가 아니다.

따라서 몸과 마음의 바름을 함께 추구해야 한다. 다산은 이에 대해 이렇게 말한다.

"마음에는 두 가지 병이 있는데, 하나는 마음에서 생기는 병이고, 다른 하나는 마음이 없음에서 생기는 것이다. '마음이 있다'는 것은 사람의 마음이 주인이 되는 것이다. '마음이 없다'는 것은 도의 마음이 주인이 되지 못하는 것이다. 두 가지는 다른 것 같으나, 그 병을 얻게 되는 근원은 실제로 같다. 공경함으로 마음을 바르게 하고, 공과 사를 구분하여 마음을 살피면 이 병은 없어질 것이다."

앞에서 논했던 감정을 절제하지 못하는 것의 해답이라고 할 수 있다.

수신에 이르기 위한 중요한 두 가지 덕목은 '정성스러운 뜻'과 '바른 마음'이다. 이 덕목 없이 세상에 나가려고 한다면 제대로 뜻을 이루기 어렵다. 요행히 성공한다고 해도 그 결과는 좋을 수 없다. 근본 없이 말단이 이루어지기 어렵기 때문이다.

삶에서 실천할 수 있는 것을 실천하되 나와 다른 사람을 지키기 위한 기준을 명확히 하는 것. 이것이 감정을 조절하는 일이다. 내 감정이 조절되면 일상에서 마음의 평안을 얻을 수 있다. 그러면 함께 하는 사람의 마음 역시 평안해진다.

네 가지 덕목이 있으면
어른에 가까워진다

지혜로운 사람은 미혹되지 않고,

인한 사람은 근심하지 않으며,

용기 있는 사람은 두려워하지 않는다.

知者不惑 仁者不憂 勇者不懼
지자불혹 인자불우 용자불구

_《논어》

오늘날 사람들에게 가장 큰 인생의 장벽은 근심과 두려움, 유혹이라고 할 수 있다. 하루하루 계속되는 크고 작은 걱정거리들이 마음을 내리누르고, 현실의 어려움과 미래에 대한 불확실성 때문에 두렵다. 높은 학문과 깊은 수양을 갖춘 옛 선비들도 이러한 어려움을 겪는 것은 마찬가지였다. 그래서 그들은 끊임없이 고민하고 연구해서 나름대로의 방법을 찾았다. 그것을 책으로 남겨 사람들이 도움을 받도록 했다. 예문의 글은《논어》〈자한〉에 실려 있는데, 그 외에 많은 경전에서 비슷한 글을 발견할 수 있다.

《중용》〈20장〉에는 이렇게 실려 있다.

노나라 애공이 좋은 정치를 묻자 공자가 대답했다.

"천하에 두루 통하는 도에는 다섯 가지가 있고, 그것을 행함에는 세 가지가 있다. 임금과 신하, 부모와 자식, 남편과 부인, 형제간의 도, 친구 사귐의 도, 이 다섯 가지가 천하에 통하는 도이다. 지혜와 인자함, 그리고 용감함. 이 세 가지는 천하에 통하는 덕이다."

이어서 공자는 이렇게 말한다.

"배우기를 좋아하면 지혜로움에 가깝고, 힘써 행하면 인자함에 가깝고, 부끄러움을 알면 용감함에 가깝다. 이 세 가지를 알면 자신을 닦아야 할 바를 알게 되고, 자신을 닦아야 할 바를 알면 사람을 다스려야 하는 까닭을 알며, 사람을 다스려야 할 바를 알면 천하 국가를 다스려야 할 바를 알게 된다.”

결국 개인의 수양이 천하를 다스리는 근본이 된다는 것으로, 이를 위해 지혜·인자함·용기라는 덕목을 길러내야 한다는 말이다.

이 구절은 〈헌문〉에도 실려 있는데, 〈헌문〉에서 공자는 자신이 이 세 가지를 실천하지 못하고 있음을 안타까워했다. 〈자한〉에 실린 글과 같으나 이야기가 더 흥미롭다.

공자는 “군자의 도 세 가지가 있는데, 나는 그것을 실천하지 못하고 있다. 지혜로운 사람은 미혹되지 않고, 인한 사람은 근심하지 않고, 용감한 사람은 두려워하지 않는다는 것이다”라고 말했다. 이에 자공이 “스승님은 스스로에 대해 말씀하신 것이다”라고 말했다.

가장 높은 수준의 덕을 갖춘 사람은 필연적으로 겸손함을 보인다. 가장 뛰어나지만 자신을 감추고, 가장 높은 경지에 있지만 스스로 낮은 곳을 찾는다. 하지만 아무리 감추고 낮추어도 결국은 드러나고 만다. 낭중지추囊中之錐, 주머니 속의 송곳이 바지를 뚫고 나오듯이 드러내지 않아도 결국 드러나고 마는 것이다. 공자 자신은 세 가지 덕목을 하나도 실천하지 못한다고 겸손하게 말했지만, 실상 공자는 세 가지 덕목을 모두 갖춘 군자였다. 공자가 말했던 세 가지를 하나하나 살펴보자.

먼저 유혹에 빠지지 않기 위해서는 반드시 배움이 뒷받침되어야 한다. 이에 대해서 공자는 사십이불혹四十而不惑, ‘마흔이 되어서는 유혹에 빠지지 않았다’고 말했다. 마흔에 가장 흔들리는 우리로서는 참 부러운 일이라고 할 수 있는데, 공자의 삶을 미루어보면 그 해답을 찾을 수 있다. 바로 끊임없는 공부로 지식을 쌓는 것이다. 공자는 열다섯 살에 학문에 뜻을 두었고, 서른에는 마음의 중심을 바르게 세웠다. 지식과 수양의 바탕을 쌓았기에 마흔이 되면서 비로소 유혹에 흔들리지 않는 단단한 자신을 만들 수 있었다.

그다음은 인, 즉 '사랑을 바탕으로 두면 근심하지 않는다'이다. 맹자는 마음이 바르기 때문에 어떤 상황에 닥쳐도 후회나 근심이 없다고《맹자》〈공손추하〉에서 말했다.

인한 사람은 하늘을 원망하지 않고
사람을 탓하지 않는다.

인한 사람은 '반성과 성찰의 삶'을 살기에 근심이 마음에 깃들지 못한다는 뜻이다. 앞서 공자가 사마우에게 말했던 "마음속으로 반성하여 거리낌이 없다면 무엇을 걱정하고 무엇을 두려워하겠느냐?"도 같은 뜻이다.

마지막으로 '두려움을 이기는 것은 용기'다. 공자는 "어진 사람은 반드시 용기가 있으나, 용기 있는 사람이 반드시 어질지는 않다"라고 말했다. 용기도 반드시 인이 바탕이 되어야 한다는 말이다. 인이 없는 용기는 허세나 만용에 지나지 않을 수도 있기 때문이다. 〈헌문〉에서는 "의로운 일을 보고도 행하지 않는 것은 용기가 없기 때문이다"라고 했다. 바로 도덕적 실천력이다. 반드시 삶에서 실천해야만 진정한 용기가 된다.

이러한 덕목이 진정한 가치를 더하려면 반드시 한 가지가 더 있어야 한다. 바로 겸손이다. 이미 모든 것을 갖추었으면서도 "나는 갖추고 있지 않다"라고 말했던 공자의 자세가 바로 그것이다.

〈헌문〉에 실려 있는 짧은 고사에서 우리는 지혜·인자함·용기 그리고 겸손이라는 네 가지 소중한 인생의 덕목을 알게 된다. 이는 오늘을 살아가는 우리에게도 반드시 필요한 덕목이자, 어른의 그릇을 갖추는 방법이다.

마흔에는 의로움으로
굳게 서야 한다

나는 나이 사십에

마음이 동요되지 않았다.

我四十不動心
아사십부동심

_《맹자》

《예기》〈곡례상편〉에 실려 있는 글이다.

인생에서 열 살은 유幼라 하고, 배움을 시작한다.

스무 살을 약弱이라 하고, 관례를 행한다.

서른 살을 장壯이라 하고, 가정을 이룬다.

마흔을 강强이라 하고, 관직에 나선다.

쉰을 애艾라고 하고, 높은 관직을 맡는다.

예순을 기耆라고 하고, 지시한다.

일흔을 노老라 하고, 후세에 전한다.

여든과 아흔을 모耄, 백 살은 기期라고 한다.

오늘날의 삶의 주기와는 다소 다른데, 오히려 좀 더 자연스러운 흐름이라 생각할 수 있겠다. 어릴 때부터 아이들을 공부로 몰아붙이지 않고 열 살이 되어서야 공부를 시작한다. 그리고 마흔이 되어야 관직에 진출할 수 있다. 꾸준한 수련과 자립을 거쳐 인생의 안정적인 자원을 확보한 다음 비로소 사회에서 중요한 직책을 맡아 일을 할 수 있는 것이다. 직책을 맡으려면 인생에 대한 소명을 깨달아야 하고, 여러 상황에 흔들리지 않는 굳건함이 있어야 하기 때문이다. 그래서 《예기》에서는 마흔을 '강함'으로 표현하며 인생에서 가장 중요한 시기로 특정짓고 있다.

고전에서는 마흔에 대해 많은 가르침을 준다. 공자는 "마흔에는 미혹되지 않았다四十而不惑"라고 말했고 "쉰이 되어서도 인생에 뚜렷한 족적을 남기지 못했다면 부끄러운 일이다"라고 말했다. 《논어》 〈자로〉에 실린 글로, 잘 알려진 후생가외後生可畏와 연결하여 말했다.

후생들은 두려워할 만하다.
장차 이들이 지금 사람보다 못하다고 어찌 알겠는가?

나이 사십, 오십이 되도록 세상에 이름이 없으면,
역시 두려워할 만한 존재가 못 된다.

이 글은 두 구절로 구성되어 있는데, 하고자 하는 말도 두 가지다. 먼저 뒤에 태어난 후배들은 두려워할 만한 존재라는 점이다. 그들이 어리고, 미숙하다고 마냥 가볍게 볼 수 없다. 선배들이 가지지 못한 창의력과 투지, 잠재력이 있기 때문이다. 하지만 사십, 오십이 될 때까지 그 능력을 발휘하지 못한다면, 그들은 두려워할 만한 존재가 될 수 없다. 자신의 가능성과 잠재력을 살리지 못하고 인생을 허비했기 때문이다. 마흔이 되기 전까지는 자기가 가진 잠재력을 현실화할 책임과 의무가 있다.

《공손추상》〈1장〉을 보면 공손추는 스승인 맹자에게 이렇게 묻는다.

"스승님께서 제나라에서 요직을 맡으신다면 관중과 안자가 이루었던 공적을 다시 이룰 수 있겠지요?"

춘추시대 관중은 제환공을 5대 패왕 중 한 명으로 만든 뛰어난 재상이었고, 안자는 제나라 군주의 명성을 높인 인물로 제나라 역사상 가장 뛰어난 재상이었다. 공손추는 맹자 역시 이들 두 재상처럼 제나라의 부흥을 이끌 것이라는 믿음이 있었다.

공손추는 당연히 긍정적인 대답을 기대했지만, 맹자는 "관중과 안자와 같이 세상의 패권이나 명예를 차지하는 일에는 관심도 없고 하고 싶은 마음도 없다"고 대답했다. 그러나 '만약 하게 된다면 천하의 왕 노릇하는 것은 손바닥 뒤집는 것만큼 쉬운 일'이라고 말했다. 백성들이 학정에 시달리고 굶주림에 고통을 겪는 혼란한 시대에, 인과 덕德으로 나라를 다스리면 반드시 백성들이 따르고 나라의 부흥을 이룰 수 있다는 확신이다.

공손추는 제나라에 대해서도 묻는다.

"스승님께서 제나라의 재상으로 계시면서 도를 행할 수 있다면, 이로 인해 패업을 이룰 수 있다고 해도 이상하지 않을 것입니다. 이와 같다면 마음이 동요되시겠습니까, 그렇지 않겠습니까?"

맹자가 대답했다.

"아니다. 나는 나이 사십에 이미 마음이 동요되지 않았다."

이어지는 대화에서 맹자는 결론적으로 증자가 제자 자양子襄을 가르친 사례를 들며 진정한 용기가 무엇인지를 가르쳐준다.

"그대는 용기를 좋아하는가? 내가 일찍이 스승인 공자로부터 큰 용기에 대해 들어보았다. 스스로 돌이켜보아 바르지 않으면 거칠고 더러운 옷을 입은 천한 사람도 두렵지만, 스스로 돌이켜보아 바르면 설사 천만 대군이 앞에 있다고 해도 나는 당당히 맞설 것이다."

단순히 기운과 힘을 길러서 담대해지는 것만으로는 안 된다는 이야기다. 맹자는 겉으로 드러나는 용기나 기세보다 의로움에 기반을 둔 용기를 가장 큰 용기라고 했다.

진정한 용기는 그 어떤 것도 두려워하지 않는 것이 아니라, 두려워할 만한 일을 두려워하는 것이다. 다만 두려움으로 인해 스스로 지켜야 할 의지나 신념을 포기해서는 안 된다. 맹자의 소신과 신념은 바로 '의로움'이다. 그럴 때 그 내면의 기세가 자연스럽게 겉으로 드러나고, 천만 명의 군대 앞에서도 당당하게 맞설 힘이 생긴다.

맹자는 마흔에 마음이 흔들리지 않았음을 제자인 공손추가 알아듣기 쉽게 용기를 예로 들어서 설명했다. 하지만 이 마음은 단순히 용기만으로 그치지는 않는다. '부동심'은 단순한 용기가 아니라 세상의 명예와 권세 앞에서도 흔들리지 않는 마음을 말한다. 그 기반이 되는 것이 바로 의로움이다. 마음이 의로움으로 굳게 서면 어떤 무력 앞에서도 당당하고, 유혹과 탐욕 앞에서도 무너지지 않는다.

이처럼 옛날부터 마흔은 인격이 여물어 세상의 풍파와 유혹에 흔들리지 않고, 책임 있는 일을 맡아서 당당히 사회적인 임무를 수행할 나이다. 하지만 오늘날의 관점으로 보면 마흔은 가장 흔들리기 쉬운 때이자 급격한 변화의 시기이기도 하다.

직장생활을 하든 직장에서 독립하여 자기 사업을 하든 마찬가지다. 직장에서는 승진을 위해 치열한 경쟁을 치러야 하고, 사업에서는 실패한다면 다시 일어서기까지 기약이 어렵다. 가정에서는 사춘기 아이들로 인해 걱정이 끊이지 않고 갱년기에 들어서면서 부부 관계 역시 서먹한 시기가 닥친다. 이런 때 공자와 맹자처럼 흔들리지 않는 마음은 사치라고 생각할 사람도 있을 것이다. 하지만 이럴수록 현실에 당당히 맞설 수 있는 용기와 마음을 다스리는 지혜가 절실히 필요하다.

그 기반이 바로 '마음공부'다. 항상 바르게 살겠다는 의지를 잃지 않고, 날마다 스스로를 돌아보는 성찰의 자세로 살아간다면, 비록 부동심의 경지는 아니더라도 부끄럽지 않은 어른의 모습을 갖출 수 있을 것이다.

진정한 용기는 그 어떤 것도
두려워하지 않는 것이 아니라,

두려워할 만한 것을
두려워할 줄 아는 것이다.

일상의 의로움이
세상의 어려움을 이긴다

나는 말을 알고 호연지기를 잘 기른다.

我知言 我善養吾浩然之氣
아지언 아선양오호연지기

_《맹자》

예문은 맹자의 제자 공손추가 "스승님은 무엇을 잘 하십니까?"라고 한 질문의 대답이다. 난세를 이겨내고, 세상의 권력자들을 두려워하지 않고, 어떤 상황에서도 마음이 흔들리지 않는 비결을 말해준 것이다.

맹자가 '말'의 능력을 중요시했던 것은 말로 인해 정치가 혼란스럽게 되고 일을 이루는 데 결정적으로 지장을 초래하기 때문이다. 《대학》에 실린 "한 마디 말이 큰일을 그르치고, 한 사람이 나라를 바로 세운다"가 뜻하는 바와 같다. 나라를 세우고 통치하는 중요한 일도 한 사람의 뛰어난 능력, 그중에서도 '말의 능력'이 큰 힘이 될 수 있다. 물론 말의 능력과 중요성은 이처럼 나라를 다스리는 등 큰일에 한정되지는 않는다. 오늘을 살아가는 우리 평범한 사람들 역시 말의 능력이 반드시 필요하다. 조직에서 자신의 능력을 발휘하고, 일상에서 사람들과 조화롭게 살아가려면 조리 있고 충실하게 말을 잘할 수 있어야 한다.

그다음 '호연지기'에 대해서는 맹자 자신도 설명하기 어렵다며 이렇게 말했다.

"그 기운은 지극히 크고 강하여, 곧게 길러 해치지 않으면 하늘과 땅 사이에 가득 차게 된다. 그 기운은 의와 도가 함께 하지 않으면 곧 시들어진다. 이것은 의가 부단히 모여서 된 것이지, 의가 밖

에서 엄습하여 이루어진 것이 아니다. 행하고 나서 마음이 흡족하
지 않으면 호연지기 역시 시들해지기 마련이다.”

먼저 호연지기는 사람의 마음에 가득 차 있는 지극히 크고 광대
한 기운이다. 맹자는 사람의 마음은 하늘이 우리에게 부여한 것이
라고 말했다. 하늘이 주었으니 제대로만 사용하면 그 능력은 무궁
무진하다. 그 힘 또한 천하를 가득 채울 정도로 크고 위대하다. 하
지만 한 가지 조건이 있다. 반드시 선하고 바르게 키워 스스로 해치
지 않아야 한다. 마음은 하늘로부터 받았지만 그것을 키우고 해치
는 일은 모두 자신에게 달려 있기 때문이다.

그리고 호연지기는 반드시 의, 도처럼 선한 덕성을 기반으로 해
야 한다. 이렇게 훌륭한 덕성을 기반으로 하지 않으면 그 기운은 호
연지기가 될 수 없다. 올바르지 않은 방향으로 가서 중용을 지키지
못한다면 반드시 문제를 야기하고, 그 기운은 오래가지 못하고 시
들고 만다.

또한, 호연지기는 반드시 꾸준함이 필요하다. 변함없이 의를 지
키고 꾸준히 도를 쌓아나가야 만들어지기에 외부에서 갑자기 얻어
지거나 찾을 수 없다. 따라서 호연지기는 자기 마음속에서 구해야
한다. 물질과 권세, 남들이 보기에 좋은 것과 같은 외부의 것에서는
아무리 찾으려 해도 얻기가 어렵다.

마지막으로 호연지기는 반드시 삶에서 구현되어야 한다. 평범
한 일상에 기반을 두고 행동하지 않으면 마음이 흡족할 수 없고,

마음이 흡족하지 않으면 호연지기는 곧 시들고 만다.

이 말들을 종합하면 호연지기란 '평상시 곧고 바른 삶을 살며, 마음속 선한 본성인 의로움을 꾸준히 키워나감으로써 얻는 크고 위대한 기운'이라고 할 수 있겠다.

덧붙여 맹자는 호연지기를 기르는 데 있어서 반드시 염두에 두어야 할 일을 말해준다.

호연지기를 기르기 위해 매사에 잊지 말고 노력해야 하지만

그 결과를 기대하지 말 것이며,

빨리 기르기 위해 조급해하지 말아야 한다.

호연지기는 반드시 언제 어떻게 이루겠다고 정해서는 안 된다. 호연지기를 빨리 이루기 위해서 조급하게 생각하는 것 역시 바람직하지 않다. 하루하루의 생활에서 지치지 않고 꾸준히 의로운 길을 걷는 경지가 호연지기이기 때문이다.

맹자는 이를 송나라 농부의 예를 들어 설명해준다. 알묘조장揠苗助長의 고사인데 오늘날 '바람직하지 않은 일을 부추긴다'라는 뜻을 가진 말의 어원이 되는 구절이다.

송나라의 사람 중에 싹이 잘 자라지 않는 것을
안타까워하는 농부가 있었다.
하루는 자기 논의 싹을 살짝 뽑자 싹이 금방 자란 것처럼
보여서 흐뭇했다.
그 농부는 하루 종일 자기 논의 싹을 모두 조금씩 뽑은 다음,
피곤한 모습으로 집에 와서,
'내가 싹들을 모두 잘 자라도록 도와주었다'고 말했다.
깜짝 놀란 아들이 가서 살펴보자
싹들은 모두 말라 죽어 있었다.

호연지기를 기르는 일을 무익하다고 해서 포기하는 사람은 아
예 김을 매지 않는 사람이다. 반대로 조급하게 그 기운을 자라게 하
려는 사람은 싹을 뽑아 들어 올리는 자다. 이는 무익할 뿐만 아니라
그것을 해치는 일이다.

맹자는 전쟁과 혼란이 가득했던 전국시대를 말의 능력과 호연지
기로 돌파해나갔다. 어렵고 힘든 상황에서 스스로를 지켜내었고,
자신의 학문과 이념을 갈고닦았다. 맹자에게 힘이 되었던 말과 호
연지기는 모두 마음의 능력이다. 말은 마음이 겉으로 드러난 것이
고, 호연지기 역시 담대한 마음에서 우러난 삶의 모습이다.

　호연지기는 우리의 마음 그릇을 굳게 지키고 하루하루 선한 마음으로 살아가게 한다. 어려움을 돌파하는 힘이고, 어떤 상황에서도 일을 이루는 비결이다.

자신을 해치는 사람은
모욕을 피할 수 없다

사람은 반드시 스스로 모욕한 후에야
다른 사람에게 모욕받는다.

人必自侮 然後人侮之
인필자모 연후인모지

_《맹자》

초나라의 왕족 굴원은 정적의 모함으로 추방당해 귀양을 떠나게 된다. 그곳에서 그는 여러 시를 지었는데 그중 〈어부사〉를 소개한다.

창랑의 물이 맑으면, 나의 갓끈을 씻고
창랑의 물이 흐리면, 나의 발을 씻는다.

가상의 인물인 어부를 등장시켜, 더러운 세상에 타협하느니 차라리 목숨을 버리겠다는 의지를 밝힌 시이다. 시에서 굴원이 혼탁하고 타락한 세상에서 홀로 깨끗함을 지키다가 고난에 처한 신세를 한탄하자, 어부는 적당히 세상에 타협하라는 노래를 들려준다.

물에는 흐린 물이 있고, 맑은 물이 있듯이 세상 역시 평화로운 세상이 있고 혼란한 시절도 있다. 물이나 세상을 마음대로 할 수 없다면 세태에 잘 어울려 살면 그만이 아니냐는 충고다. 이 시는 굴원의 창작이 아니라 전해오는 구전 가사를 굴원이 빌려 쓴 것이다.

《맹자》〈이루 상〉에는 이미 오래전 공자가 한 소년이 이 노래를 부르는 것을 듣고 굴원과는 다른 관점으로 해석해서 제자들에게 설명해준 내용이 실려 있다.

제자들아, 들어라.

물이 맑으면 갓끈을 씻고 더러우면 발을 씻겠다고 하니,

이는 물이 스스로 자초한 것이다.

선비의 상징인 갓끈을 씻는다는 일은 물로서는 명예로운 일이다. 선비들은 물이 깨끗해야 갓끈을 씻는다. 하지만 발을 씻는 일은 다르다. 맑고 깨끗한 물에는 쉽게 발을 씻지 않게 된다. 물이 더러워질까 염려하기 때문인데, 만약 물이 맑지 않다면 사람들이 스스럼없이 발을 씻게 된다. 당연히 물은 더 더러워진다. 결국, 물이 깨끗하면 그에 걸맞은 대우를 받게 되고, 물이 더러우면 그에 맞게 멸시를 받는다. 맹자는 공자의 이 가르침을 인용하면서 이렇게 말했다.

"사람은 반드시 스스로를 모욕한 후에야 다른 사람이 그 사람을 모욕한다. 집안도 반드시 스스로 망친 후에야 다른 사람이 그 집안을 훼손시키며, 나라도 반드시 스스로를 해친 뒤에야 다른 나라가 그 나라를 해친다."

앞서 공자가 물에 비유한 것을 사람의 일로 나타낸 것이다. 사람이나 집안, 또는 나라까지도 다른 사람에게 모욕을 받는다면 모두 자신에게서 비롯되었다는 말이다. 자신이 스스로 맑고 깨끗하면 다른 사람들 역시 함부로 하지 못하지만, 자신이 스스로를 모욕하

고 훼손하면 다른 사람으로부터 멸시와 괴롭힘을 받게 된다.

맹자는 이렇게 결론을 내렸다.

"《서경》〈태갑〉에서는 '하늘이 내린 재앙은 피할 수 있지만, 스스로 부른 재앙은 살아날 수 없다'고 했다."

탕왕의 손자였던 태갑이 왕이 된 후 폭정을 일삼다가 나라의 어른이었던 이윤으로부터 쫓겨나 3년간 반성한 뒤 했던 말이다. 맹자는 스스로를 망치는 일을 인의仁義의 삶을 살지 않는 태도로 보았다. 하늘이 준 선한 본성을 그르치는 삶이 바로 자신을 망치는 삶이다. 여기서는 왕이라는 가장 높은 지위의 사람을 예로 들어 말했지만 이러한 이치는 누구에게든 적용된다. 설사 높은 지위가 아니더라도, 평범한 사람이라도, 가난한 처지에 있어도 마찬가지다. 스스로 자존감이 낮고, 자신의 가치와 존엄성을 잃어버리면 사람들로부터 존중받기 어렵다.

다음은《장자》에 실려 있는 고사다. 장자가 초라한 모습으로 위나라 왕을 만나자 왕은 그 모습을 보고 물었다.

"선생은 왜 그리 구차해 보입니까?"

그러자 장자가 대답했다.

"나는 가난한 것이지 구차한 것이 아닙니다. 선비가 옷이 해지고 신발이 터진 것은 구차한 것이 아니니 이것은 이른바 때를 만나지 못했을 뿐입니다."

가난은 누구에게나 현실적인 어려움을 주지만 그것이 사람의 됨

됨이를 나타내지는 않는다. 부자라고 해서 훌륭한 사람이 아니고 가난하다고 해서 모자란 사람이 아니다. 설사 왕이라고 해도 마찬가지다. 사람이 존엄한 이유는 마땅히 하늘로부터 부여받은 존엄성이 있기 때문이다. 가난이 문제가 아니라 스스로 부족하다고 느끼는 마음이 문제다. 단지 오직 부에 의해서, 지위에 따라서 사람을 다르게 판단하는 사람들의 안목이 잘못된 것이다.

맹자는 또 이렇게 말했다.

"스스로를 해치는 자와는 함께 이야기할 수 없고, 스스로를 포기하는 자와는 함께 일할 수 없다. 말로 예의를 비난하는 것을 스스로를 해친다고 하고, 인의를 따를 수 없다고 하는 것을 스스로 포기한다고 한다. 인은 사람이 머물러야 할 편안한 집이고, 의는 사람이 걸어야 할 바른 길이다."

오늘날에도 많이 쓰이는 자포자기의 원전이다. 사람이 사람으로서 당연히 걸어야 할 길을 걷지 않는다면 스스로를 버리는 것이다. 당연히 지켜야 할 자신의 존엄성을 포기하는 것과 같다. 그때 다른 사람들로부터 배척을 당하고 멸시를 받는다.

설사 어렵고 힘든 상황에 처하더라도 지켜야 할 것은 마음이다. 마음이 바르게 선 사람, 중심이 든든한 사람은 결코 자신을 버리지 않는다. 어떤 상황에 처해도 자신을 믿고 변함없이 사랑한다. 자신을 사랑함은 진정한 자존감과 자기애自己愛의 자세이다. 자신을 사랑하기에, 자신의 가치를 높이고 삶을 더욱 의미 있게 만들기 위해 노

력한다. 그리고 그 사랑을 넓혀 다른 사람을 사랑한다. 공자가 추구
했던 충실함과 배려를 통해 사랑에 이르는 것이다.

　이런 단계에 이른 사람은 그 누구도 함부로 대할 수 없다. 지위
나 부가 아니라 그 사람이 가진 진정한 자존감이 자신을 지키는 힘
이기 때문이다.

행복은 하늘을 우러러
부끄럼이 없는 경지다

사람이 부끄러운 마음이 없어서는 안 된다.

부끄러운 마음이 없다는 것을 부끄러워한다면

부끄러워할 일이 없다.

人不可以無恥 無恥之恥無恥矣
인불가이무치 무치지치무치의

_《맹자》

맹자는 자신의 책《맹자》〈진심 상〉에서 사람이 해야 할 일과 하지 말아야 할 일에 대해 가장 간단하게 정의한다.

하지 말아야 할 것을 하지 않고,
원하지 않아야 할 것을 원하지 않는다.
오직 이와 같을 뿐이다.

맹자가 생각했던 '하지 말아야 할 일'은 의롭지 못한 일이다. 불의하고 잘못된 선택을 함으로써 내 마음에 거리낌이 있다면 '하지 말아야 할 일'인 것이다. '원하지 않아야 할 것'이란 욕심이 지나쳐 탐욕이 되는 것이다. 부와 명예, 지식은 누구에게나 자연스러운 욕구이며 그 자체로 잘못되지는 않았다. 단지 그것을 얻기 위해 양심을 버리고, 지켜야 할 도덕성을 잃는다면, 그 욕구는 원해서는 안 되는 일이 된다.

예문에 있는 부끄러움도 역시 바른 선택을 할 수 있는 기준이 된다. 하고 난 뒤에, 얻고 난 뒤에 만약 스스로 부끄러움을 느낀다면 바로 잡아야 한다. 물론 어떤 사람도 잘못을 저지르지 않는 완벽한

사람이 될 수는 없다. 그렇기에 해야 할 일은 그 잘못을 돌아보고
반성하고 다시는 행하지 않겠다는 성찰의 자세를 갖는 것이다.

닭이 울면 일어나 부지런히 선한 일을 행하는 자는
순임금의 무리요,
닭이 울면 일어나 부지런히 이익을 추구하는 자는
도척盜蹠의 무리다.
순임금과 도척을 나누는 차이를 알고 싶은가?
이익을 추구하는 것과 선한 일을 행하는 차이일 뿐이다.

〈진심 상〉에 실려 있는 구절로, 최고의 성인으로서 지극한 선
으로 일컬어지는 순임금과 가장 부도덕한 인물의 대명사인 도척
에 대해 쓰여 있다. 여기서 맹자는 순임금을 선한 일만 했던 인물
로, 도척을 오직 이익만을 좇는 인물로 그린다. 맹자는 자기 이익만
을 좇는 것을 악하게 여기고 금했다. 물론 요즘의 관점에서 보면 자
기 이익을 추구하는 일이 그렇게 나쁘게 여겨지지는 않는다. 기업
이든 개인이든 이익을 얻어야 생존하기에 그것을 얻고자 함이 당
연하다. 그러나 오직 이익을 위해 수단 방법을 가리지 않거나, 다른
사람의 피해를 전혀 생각하지 않거나, 불법적이고 불의한 일을 행

한다면 그것은 곧 '악'이 될 수밖에 없다.

도척을 꼭 집어서 했던 말이 아니지만, 맹자는 어떤 일을 하려면 먼저 그에 대해 명확히 알아야 한다고 말했다.

"하면서도 왜 그렇게 해야 하는지 밝게 알지 못하고, 익숙해졌으면서도 왜 그렇게 하는지 살피지 않으며, 평생토록 따르면서도 그 도를 알지 못하는 사람이 많다."

맹자에 따르면, 사람들은 평생토록 일을 하면서도 그 일에 대한 올바른 도리가 무엇인지를 알지 못한다. 도척이 바로 그랬다. 몰래 도둑질을 하고 남의 것을 약탈했지만 정작 도둑질이 범죄라는 사실에는 무뎠다. 도척과 같은 도둑이 아니라 평범한 사람들에게도 이런 경우가 많다. 특히 무심코 하는 부도덕한 일이 습관이 되었거나 아무런 가치 판단 없이 자기에게 주어진 일만 하는 경우가 그렇다. 또는 목표를 설정하고 그 목표를 이루기 위해 매진하지만 정작 그 목표가 잘못된 가치관일 경우도 마찬가지다.

오직 출세와 성공만을 위해 공부하고 노력하는 오늘날 우리의 풍조도 다를 바 없다. 올바른 가치관의 정립 없이 오직 시험 합격만을 위해 공부하고, 승진과 출세만을 위해 공부한다면 진정한 공부라고 할 수 없다. 그런 사람은 설사 높은 자리에 올랐다고 해도 나라와 국민을 위해 제대로 일할 수 없다. 자기에게 이익이 되는지 아닌지만 관심거리이기 때문이다. 겉으로는 그럴듯한 외모와 이미지로 사람들의 존경을 받지만, 그 이면에는 권력을 남용하고 불의한 방법을 동원하는 등 수단과 방법을 가리지 않는 모습을 보일 때도 많다.

맹자는 바로 이런 점에서 수치심이 꼭 있어야 하며 가장 중요하다고 주장했다. 어떤 일을 하든지 그 일이 부끄러운 일인지 아닌지를 염두에 두어야 부끄러운 일을 하지 않는다는 말이다.

"부끄러움은 사람에게 아주 중요하다. 교묘하게 기교나 재주를 부리는 자들은 수치심을 사용하는 일이 없다. 부끄러워하지 않는데, 어떻게 남과 같을 수 있겠는가?"

또한 맹자는 자신의 '세 가지 삶의 즐거움'을 말하면서 부끄럽지 않은 삶을 꼽기도 했다.

"군자에게는 세 가지 즐거움이 있는데, 천하의 왕 노릇하는 것은 포함되지 않는다. 첫째는 부모형제가 모두 평안한 것이다. 둘째는 하늘을 우러러 부끄럽지 않고, 사람들에게 부끄럽지 않은 것이다. 천하의 영재를 얻어 교육시키는 것이 세 번째 즐거움이다."

단지 사람에게 부끄럽지 않은 것뿐만 아니라, 하늘을 우러러도 부끄럽지 않은 경지가 진정한 행복이다. 부끄러움은 한자로 치恥라고 하는데, 풀이하면 귀 이耳와 마음 심心으로 이루어져 있다. 이 구성을 유심히 보면 '귀로 자기의 마음의 소리를 듣는다'는 뜻임을 알 수 있다. 어떤 일을 하려고 할 때 먼저 잠잠히 자기 마음을 들여다보는 시간이 필요한 이유다.

먼저, 내면을 들여다보는 시간을 가지면 자신이 하고자 하는 일이 올바른 일인지 판단할 수 있다. 이때 스스로가 부끄럽다면 하는 일을 멈출 수 있다. 만약 아무런 생각과 판단도 없이 일을 시작한다면, 다시 돌이키기가 어려워질 수도 있다. 물론 부끄러움을 알고 돌이키는 일에도 용기와 결단이 필요하다.

이처럼 삶은 선택의 연속이다. 불의에 빠지는 경우, 대부분은 스스로 알면서 그렇게 행하는 경우가 많다. 이때 과감하게 돌아설 줄 아는 사람이 행복한 삶을 지킬 수 있다.

어른은 때와 상황에 맞게
처신한다

군자가 중용에 따르는 것은

군자로서 때에 맞게 행동하는 것이고

소인이 중용에 어긋나는 것은

소인이 거리낌이 없기 때문이다.

君子之中庸也 君子而時中
小人之中庸也 小人而無忌憚也
군군자지중용야 군자이시중
소인지중용야 소인이무기탄야

_《중용》

　《중용》〈4장〉에는 공자가 중용을 지키는 사람이 드문 것을 한탄하는 장면이 나온다.

도가 행해지지 않는 이유를 나는 알겠다.
똑똑한 사람은 지나치고,
어리석은 사람은 미치지 못하기 때문이다.

도가 밝혀지지 않는 까닭을 나는 알겠다.
현명한 사람은 지나치고,
모자라는 사람은 미치지 못하기 때문이다.

이는 먹고 마시지 않는 사람은 없지만
그 맛을 제대로 아는 사람은 드문 것과 같다.

　똑똑한 사람도 현명한 사람도, 어리석은 사람도 모자라는 사람도 거의 중용의 도리를 지키지 못한다. 똑똑하고 현명한 사람은 중용의 도리를 쉽게 생각하여 지나쳐버리고, 어리석고 모자란 사람은 중용의 도리를 알지 못하거나 너무 어렵게 여겨 어떻게 하는지를 모르기에 행하지 못한다. 일상의 작고 사소한 일에도 중용의 이치가 있는데, 그것을 지나쳐버리기에 그 심오한 경지를 모르고 사람들은 지나간다. 이 말은 역시《중용》에 실린 "평범한 부부조차도 알 수 있지만, 그 지극함에 이르러서는 비록 성인이라도 알지 못하는 이치가 있다"라는 말과 일맥상통한다.

예문은《중용》〈3장〉에 실린 글로 군자와 소인의 차이에 대해 말한다. 군자는 중용의 이치를 알고 따르지만, 소인은 어긋난다는 뜻이다. 이어서 그 이유를 말하는데 좀 의외다. 일상에서 군자는 때에 맞게 행하고 소인은 때에 맞춰 행하지 못하고 거리낌 없이 행동한다고 설명했다. 여기서 거리낌 없이 행동한다는 말은 원문으로 무기탄無忌憚이다. 오늘날 우리도 흔히 쓰는 말인데, 대개 윗사람이 아랫사람에게 어렵게 여기지 말고 편안하게 말하라는 뜻으로 쓰인다. 물론 긴장하지 않고 편안하게, 솔직하게 말하는 것이 좋지만 반드시 지켜야 할 선이 있다. 너무 편하게 하는 나머지 예의를 벗어나게 되면 오히려 더 많은 것을 잃게 된다.

때를 아는 것은 군자로서 반드시 지켜야 할 덕목이다. 따라서 이미 많은 성현들이 이를 강조해왔는데, 맹자는 이를 더욱 명확하게 예를 들어서《맹자》〈만장하〉에서 이렇게 말한다.

백이는 성인 중에서 청렴한 사람이고,

이윤은 성인 중에 책임을 잘 맡은 사람이고,

유하혜는 성인 중에 화합을 잘한 사람이고,

공자는 성인 중에 때를 잘 아는 사람이다.

백이와 이윤 그리고 유하혜는 모두 한 분야에서 가장 뛰어난 사람으로 인정받던 성인들이지만, 공자는 이들 모두의 지혜와 덕을 두루 갖춘 성인 중의 성인이라는 말이다. 맹자는 공자가 때에 맞춰서 처신을 잘했던 사람임을 가장 중요하게 내세웠다.

공자는 때를 아는 지혜는 고난과 위기 속에서 가장 빛난다고 말했다. 어떤 고난과 어려움도 다 운명이 있으므로 묵묵히 때를 기다려야 한다는 것이다. 여기서 운명이란 자신의 노력과 힘으로 할 수 없는 하늘의 뜻을 말한다. 세상일이란 자기 마음대로 되지 않는 법이기에 이때는 여유와 긍정적인 마음가짐이 필요하다. 여유가 있어야 조급한 마음을 이겨내고, 긍정적인 마음을 가져야 절망하지 않을 수 있다. 또한, 공자는 일상에서 때를 아는 것에 대해서도 말해준다. 《논어》〈계씨〉에 나오는 말이다.

"말할 때가 되지 않았는데 말하는 것을 조급하다고 한다. 말해야 할 때가 되었는데도 말하지 않는 것을 속마음을 숨긴다고 한다. 얼굴빛을 살펴보지도 않고 말하는 것을 눈뜬장님이라고 한다.”

원래 군자를 섬길 때 아랫사람이 저지르는 잘못에 대해 말했던 것이지만, 이는 오늘날의 'TPO'의 법칙과도 같다. TPO는 때와 장소에 합당한 옷을 입어야 한다는 복장 규칙이다. 이 용어는 평상시 말의 원칙에도 그대로 적용된다. 말은 때Time와 장소Place, 그리고 상황Occasion에 맞게 해야 한다. 그리고 듣는 사람을 배려하는 마음을 가지는 것도 중요하다. 중요한 발표를 할 때는 물론이고, 평상시의 대화에서도 마찬가지다.

때와 상황에 맞지 않게 함부로 자기주장을 펴는 사람은 경망한 사람이다. 반대로 말해야 할 때 입을 다무는 사람은 음흉한 사람이다. 듣는 사람의 안색을 살피지도 않고 할 말, 안 할 말 다하는 사람은 독선적이고 예의 없는 사람이다.

맹자는 “말은 사람의 마음을 드러낸다”라고 말했다. 마음이 평온한 사람은 말도 안정되기에 듣는 사람을 설득할 수 있다.

마음이 안정되면 그 말이 신중하고 여유가 있고,
마음이 안정되지 못하면 그 말이 속되고 급하다.

《근사록》에 실린 글이다. 말을 잘하고 싶다면 반드시 마음의 안정을 지켜야 한다. 그리고 자신이 어떤 상황과 위치에 처해 있는지 분명히 알아야 한다. 말뿐만 아니라 공부도, 일도 삶의 모든 곳에서 그르치지 않는 원리는 바로 여기에 있다.

마음이 힘들수록
하는 일에 집중하라

다만 고요히 앉아 마음을 맑게 하려면

세간의 잡념이 어지러워 갈피를 잡을 수 없습니다.

그래서 때로는 마음을 다스리는 일이

저술만 못한 것을 깨닫게 됩니다.

但靜坐澄心 則世間雜念 千頭萬緖粉粉擾擾
不可把捉還覺治心之工莫如著述
단정좌등심 즉세간잡념 천두만서분분요요
불가파착환각치심지공막여저술

_《여유당전서》

　다산 정약용은 정조 19년(1795년)에 좌천되어 금정에서 찰방察
訪(교통통신 기관의 관직)으로 근무했었다. 관직 생활 중에 가장 힘
들고 어려운 상황이었다. 거기서 다산은 인근의 사람을 통해《퇴계
집》반 부를 얻어 상세히 공부하고, 그 느낀 점을 모아서《도산사숙
록》이라는 한 권의 책을 만들었다.

> 우리가 진실로 마음 다스리는 학문에 유의한다면,
> 곧 마음 안에 허다한 병통이 있음을 느낄 것이다.
> 주자는 '이같이 하는 것이 병이 됨을 알면
> 이같이 하지 않는 것이 약이 됨을 곧 알 것이니,
> 바야흐로 맹렬히 공부할 수 있다'라고 하였다.
> **학자가 마음의 병이 있다는 것을 깨닫는 경지에 이르지 못하면,**
> **어떻게 다스림이 순조롭고 기운이 조화로운 경지를 이루겠는가.**
> **마땅히 독실하게 탐구하고 살펴야 할 것이다.**

　퇴계 이황이 남시보에게 보낸 편지를 보고 느낀 소회를 적은 글
이다. 퇴계는 마음을 논하며, "마음의 근심은 바로 이치를 살핌에

투철하지 못하여 빈 것을 파고들어 억지로 탐구하고, 마음을 지킴
에 방법이 어두워서 알묘조장揠苗助長(벼를 빨리 키우려고 싹을 뽑아서
늘림)하며, 마음을 괴롭히고 힘을 다 써서 이 지경에 이른 것을 깨
닫지 못한 데서 연유합니다"라고 말했다.

다산은 퇴계의 이 글을 보고 스스로도 마음의 병이 있음을 인정
하고, 병을 고치려고 노력해야 학문의 경지에 이른다는 사실을 깨
달았다고 말한다. 이는 학문뿐만 아니라 어떤 상황에서도 통하는
이치다. 이러한 마음의 수양이 있었기에 다산은 18년간의 혹독한
귀양 생활을 견디며《여유당전서》라는 위대한 문화유산을 완성했
을 것이다.

하지만 끝을 알 수 없는 기나긴 유배 생활이 결코 견디기는 쉽지
않았을 것이다. 비록 유배를 시작하며 '고난'을 '여가'로 담담히 받
아들였다고 해도 기나긴 유배 생활이 매우 지치고 힘든 시간이었음
은 분명하다. 예문은 귀양살이를 시작한 지 10년 후인 1811년 작은
형에게 보낸 편지 글이다. 편지에는 학문에 대한 의견과 집필 과정
에서 겪은 어려움이 소상히 적혀 있으며, 다음과 같은 문장으로 시
작한다.

"점차 하던 일을 거둬들여 마음 다스림 공부에 힘을 쏟고자 합니
다. 하물며 풍병은 뿌리가 이미 깊어 입가에 항상 침이 흐르고, 왼
쪽 다리는 늘 마비 증세를 느낍니다. 머리 위에는 잉어낚시 하는 늙
은이들이 쓰는 털모자를 쓰고 지냅니다. 근래 들어서는 또 혀마저

굳어 말이 어눌합니다. 스스로 살날이 길지 않음을 알면서도 자꾸 바깥으로 마음을 내달리니, 이것은 주자께서도 만년에 뉘우치신 바입니다. 어찌 염려하지 않겠습니까?"

그리고 예문의 글이 이어진다. 혹독한 귀양 생활이 얼마나 힘들고 고달픈지를 잘 보여준다. 생활의 어려움뿐만이 아니라 몸을 아끼지 않고 저술에 혼신의 힘을 다했던 결과다.

다산은 500여 권의 책을 저술하면서 바른 자세로 꼿꼿하게 책상에 앉아 글을 썼는데, 그 과정에서 복숭아뼈에 세 번이나 구멍이 나기도 하는 등 체력적으로 심각한 고통을 경험했다. 다산은《논어고금주》를 집필하면서 겪었던 어려움에 대해서도 작은형에게 이렇게 토로했다.

"이제《논어》를 가져다가 집해나 집주의 예에 의거하여 천고의 것을 모아 잘 된 것만을 취하여 하나의 책으로 엮고 싶은데, 이것이 비록 스스로 그 이치를 찾아내는 육경六經(여섯 가지 경서)의 작업과는 그 차이가 없지는 않으나, 정력을 낭비하고 마음을 쓰는 일 또한 적지만은 않습니다. 생각컨데, 지금은 기력이 점차 쇠약해져 몇 달 사이에 빠진 이가 셋입니다. 책과 붓을 사절하고 편안히 노닐면서 세월이나 보내겠다고 결심했지만, 돌이켜볼 때마다 서글퍼질 뿐입니다."

다산은 몸의 어려움 못지않게 마음의 어려움을 말하고 있다. 오히려 몸의 건강은 어떻게든 견딜 수 있으나 마음의 어려움은 견디기 어려웠던 것이다. 책을 완성해야 한다는 소명은 헤아릴 수 없는 무게로 다산의 어깨를 짓눌렀다.

우리는 흔히 일에 시달리고 심신이 고달플 때 새로운 자극이나 휴식이 필요하다고 말한다. 하던 일을 멈추고 여행을 떠나거나, 아무 일도 하지 않고 한가한 시간을 보내기도 한다. 다산도 하던 일을 끊고 편안히 세월을 보내고 싶은 마음에 흔들리기도 했다. 하지만 다산은 다른 방법을 찾았다. 몸과 마음이 괴롭고 힘들 때 고난을 피하지 않고 오히려 그 고난의 한가운데로 뛰어들었다. 복숭아뼈에 구멍이 나고 이가 빠지고 오한에 시달리는 고통을 겪었지만 자신이 만족할 때까지 연구하고 글을 쓰면서 이겨냈다. 마음이 어렵지만 일에 몰입함으로써 이겨낼 수 있었던 것이다.

다산은 한 권 한 권 온 마음과 힘을 다함으로써 위대한《여유당전서》를 완성했다. 어려움에 닥칠 때 그 어려움에 중심을 맞추면 의욕을 잃고 몸이 상한다. 그러다 무너지고 만다. 하지만 소명을 완성해야 한다는 큰 꿈에 중심을 맞추면 어떤 어려움도 이겨낼 수 있다. 마음의 어려움은 사라지고, 오직 일을 이루겠다는 소명만 남게 된다.

가장 외로운 시간이
가장 소중한 시간이다

피리 불고, 거문고 타고, 시 읊고, 그림 그리는 것이
방탕한 듯 방탕하지 않고 엄숙한 듯 엄숙하지 않으니
어찌 담박한 생활이 아니겠는가.

吹竹彈絲 哦詩描畫 似宕不宕
似莊不莊 豈非淡泊生涯
취죽탄사 아시묘화 사탕불탕
사장불장 기비담박생애

_《여유당전서》

다산이 귀양 중에 마음을 나누었던 이중협이 다른 곳으로 전근을 가자 아쉬웠던 마음을 이렇게 토로했다.

즐거움은 괴로움에서 나온다.

그러니 괴로움은 즐거움의 뿌리다.

괴로움은 즐거움에서 나온다.

따라서 즐거움이란 괴로움의 씨앗이다.

괴로움과 즐거움이 서로를 낳는 것은 움직임과 고요함,

그리고 음과 양이 서로 뿌리가 되는 것과 같다.

통달한 사람은 그러한 연유를 아는지라

깃들어 숨어 있는 것을 살피고,

성하고 쇠하는 이치를 헤아려 내 마음이 상황에 응하는 것을

항상 뭇사람과 반대로 한다.

그런 까닭에 두 가지가 항상 그 취향을 나누고

그 기세를 죽이게 된다.

18년간의 혹독한 귀양 생활은 다산에게도 견디기 힘든 시기였

을 것이다. 하지만 다산은 그중에서도 삶의 즐거움과 괴로움이 서로 통하며, 상황에 휩쓸리지 않고 조용히 때를 기다리면 반드시 기회가 찾아온다는 사실을 깨달았다. 바로《주역》에서 말하는 물극필반物極必反의 이치다.

어려운 상황에 처했을 때 그 상황에 완전히 매몰되면 마음을 허물어뜨리는 것이다. 상황의 어려움 속에서도 삶의 즐거움을 찾고, 힘든 마음을 쉬게 하면 고난을 이길 힘이 된다. 공자가 송나라에서 그곳 사람들에게 오해를 받아 집이 완전히 포위되었을 때 잠잠히 거문고를 연주하며 때를 기다렸던 일화가 그것을 잘 말해준다.

제아무리 위대한 성인이라고 해도 하늘의 뜻은 바꿀 수 없는 법이다. 따라서 운명에 순응하며 잠잠히 때를 기다리는 것이 지혜이며 용기다. 그때 고난을 이겨내고 새롭게 시작할 기회가 생긴다.

예문의 글은 다산이 쓴 〈장상인의 병풍에 제함〉이라는 글의 일부이다. 다산은 귀양의 어려움을 이겨내기 위해 다양한 곳에서 마음의 즐거움과 평안함을 찾았다. 친구 장상인의 병풍을 보고, 깨달은 생각을 말했던 시이다. 예문의 앞부분은 이렇다.

바람 피하기를 새처럼 하고, 비 피하기를 개미처럼 하고,
더위 피하기를 오나라의 소처럼 하는 것도 내가 싫어하는 바다.
글을 사탕수수처럼 즐기고, 거문고를 감람나무 열매처럼 즐기고,

시를 창포 김치처럼 즐기는 것도 내가 좋아하는 바다.

자연에는 맑고 고요한 시절이 있는가 하면 바람이 불고 비가 오는 때도 있기 마련이다. 이는 인생도 마찬가지다. 좋은 시절이 있는가 하면 어렵고 힘든 시기도 있다. 이때 다산은 일비일희하지 않고 잠잠히 고난에 순응하며 그 속에서 평안함을 찾는 자세를 추구했다. 글을 가까이하고, 음악을 즐기며, 시를 읽고 쓰는 생활은 고난에서 너무 방만한 삶의 태도로 보일 수도 있다. 하지만 삶에는 지금 당장, 바로 해결해야 할 일이 있는가 하면 잠잠히 때를 기다려야 할 때도 있다. 그때 조급함으로, 당장 일을 이루고자 하는 욕심으로 마음을 다그친다면 일을 이루기 어렵다. 오히려 더 나아갈 힘을 잃어버리기도 한다. 예문에 '방탕한 듯 방탕하지 않고 엄숙한 듯 엄숙하지 않으니 어찌 담박한 생활이 아니겠는가'가 다산의 심경을 대변한다. 험난한 귀양생활에서 다산은 소명에 대한 치열함과 함께 마음의 평안함을 추구했던 것이다.

조선시대 실학자였던 이덕무도 외로움의 시간을 책과 글로 이겨내었다. 다산이 귀양하며 강제로 그 시간을 겪었다면, 이덕무는 서얼이라는 신분의 한계와 가난으로 혼자의 시간을 겪어야 했다. 그 역시 외로움의 시간을 시를 쓰며 이겨내었다. 그가 지은 〈오우아〉라는 시다.

눈 온 날 새벽, 비 내리는 저녁,

좋은 벗이 오지 않으니 누구와 이야기를 나눌까?

시험 삼아 내 입으로 읽으니 내 귀가 듣는구나.

내 팔로 글을 쓰니 이를 감상하는 것은 내 눈이로다.

나의 벗은 바로 나이니 다시 무엇을 원망하랴.

눈이 오는 새벽이나 비가 오는 저녁은 쓸쓸한 시간이며 가장 마음이 가라앉는 시간이다. 이때 이덕무는 자신을 친구로 삼았다. 그리고 술잔 대신 책을 잡았다. 붓을 잡아 글을 썼다. 이덕무에게 혼자만의 시간은 공부와 독서의 시간이었다. 가장 외로운 시간이 그에게는 가장 소중한 시간이었다.

이덕무도 그랬지만 다산이 고된 시기를 이겨낸 힘은 마음의 다스림이었다. 하지만 마음을 다스릴 때는 시종일관 마음이 평안하지 않다. 도리어 흔들리는 마음을 굳게 붙잡고 넘어지지 않으려는 치열함이 필요하다. 마음이 고되고 힘들 때마다 잠잠히 마음을 가라앉히고 소명에 집중할 때 소명은 이루어진다.

적정선을 지키는 마음이
나를 지킨다

오만한 마음이 자라도록 내버려 두어서는 안 되며
욕심을 방종하게 해서도, 뜻을 가득 채워서도 안 된다.
그리고 즐거움이 극한에 이르도록 해서도 안 된다.

傲不可長 欲不可從
志不可滿 樂不可極
오불가장 욕불가종
지불가만 락불가극

_《예기》

《도덕경》에 실린 글로 자족하는 삶에 대해 이렇게 말하고 있다.

만족할 줄 알면 욕되지 않고,
그칠 줄 알면 위태롭지 않으니
이로써 오래 계속될 수 있다.

스스로 만족할 줄 안다는 말은 자기 분수를 알고 과도한 욕심을 부리지 않다는 뜻이다. 사실 욕심과 유혹에 흔들리는 태도는 평범한 사람들이 지닌 한계다. 이때 가장 먼저 해야 할 일은 욕심을 향해 치달리는 마음과 유혹에 넘어지지 않고 중심을 단단히 세우는 것이다. 이렇게 할 때 자신의 부끄러운 모습을 돌아볼 수 있다. 스스로 절제할 수 있고, 무리한 일을 벌이지 않고 다른 사람에게도 해를 끼치지 않을 수 있기에 위태로운 일을 당하지 않는다. 삶에서 적절한 선을 지키며 다른 사람과 더불어 평안한 삶을 살 수 있다. 만약 이를 지키지 않으면 반드시 화를 당하게 되는데, 역시《도덕경》에 실린 글이 단호하게 말해준다.

"화는 만족할 줄 모르는 것보다 더 큰 것이 없다."

《도덕경》에 담긴 글들이 깊은 철학적 이치를 말하고 있다면《예기》〈곡례〉에 실린 예문의 글은 우리가 일상에서 지켜야 할 마음의 규범을 알려준다. 곡례曲禮가 '작은 예절'이라는 뜻을 지녔다고 생각하면 글에서 경계하는 여러 태도는 모두 우리가 흔하게 겪는 마음의 병폐라고 할 수 있다.

먼저 '오만한 마음'이다. 오만함이란 교만과도 통하는데 흔히 자수성가하여 높은 지위에 오른 사람에게 덕이 부족할 때 드러나는 모습이다. 더불어 교만은 '패망의 지름길'이라는 것을 많은 고전에서는 말한다. 힘들게 높은 지위에 올랐지만, 그 지위와 자신을 동일시함으로써 스스로를 높이고 싶은 마음 때문에 일을 그르치는 것이다.《관자》에는 "일이란 사려 깊은 생각에서 시작되고, 꾸준한 노력으로 완성되지만, 오만함으로 실패한다"라고 실려 있다. 사려 깊은 생각과 꾸준한 노력으로 성공했지만, 교만함으로 일을 망치게 되는 것은 큰일이든 작은 일이든 마찬가지다. 특히 어려운 성취를 했을 때 스스로를 다잡을 수 있어야 한다.

《춘추좌전》에 실린 글이다.

교만한 자가 반드시 망한다는 것은
하늘이 정한 이치다.

그다음은 욕심의 절제다. 맹자는 욕심을 줄이는 것이 선한 마음을 지키는 수양의 기본이라고 말했다. 심지어 성리학자 주자는 "욕심을 줄이는 것이 아니라 아예 하나도 마음에 두지 말아야 한다"고 말하기도 했다. 이 말이 다소 과장돼 보인다면, 그만큼 지나친 욕심을 경계해야 함을 강조하는 말이라 보아도 되겠다. 그러나 욕심을 절제한다는 것도 결코 쉬운 일은 아니다.

《심경》에는 "잠시라도 틈이 있으면 사사로운 욕심이 만 갈래로 일어나 불이 없어도 뜨거워지고, 얼음이 없어도 차가워진다"라는 말이 있는데, 이는 우리 마음을 잘 대변해준다.

만약 욕심을 절제하기가 어렵다면 욕심의 대상을 바꾸어보는 것이 좋겠다. 재물을 추구하는 것이나 남보다 더 갖고자 하는 비교의식이 아니라 내 삶을 더욱 가치 있게 만들고, 그 목적과 의미를 이루고자 하는 선한 의욕意欲으로 대체하는 것이다. 남에게 선한 영향을 끼치고, 가진 물질을 베풀고 함께 성장하는 데 애를 쓰는 욕심은 얼마든지 부려도 좋다.

'뜻을 가득 채우지 말라'라는 말은 스스로 자족하는 마음과 통한다. 사람들은 뜻을 이루고 모든 일이 잘되면 그때부터 더 큰 것을 탐하게 된다. 더 높은 곳, 더 좋은 것을 탐하다 보면 자신을 잃게 된다. 자신이 소중히 여기는 삶의 의미와 가치는 사라지고, 탐욕에 빠져 길을 잃게 되는 것이다. 또한 가지면 가질수록 사람들의 근심은 커진다. 더 많은 것을 갖고자 하는 욕심과 가진 것을 잃지 않을까 근심하게 된다. 재물뿐만 아니라 명예나 인생도 마찬가지다.

《명심보감》은 "만족할 줄 알면 즐거울 수 있고, 탐욕에 빠지면 곧 근심하게 된다"라고 말한다. 이처럼 근심과 걱정은 모두 스스로 만족하지 못하는 데서 비롯된다.

그 어떤 어려움에 있어도, 설사 만사가 잘되도 잠깐 멈추는 시간이 필요하다. 멈추어 자기가 처한 곳과 가고 있는 길을 돌아보지 못한다면 자신을 잃어버리고 만다. 다산 정약용이 귀양 생활을 시작하면서 뼈저리게 느낀 점을 〈수오재기〉에 이렇게 썼다.

유독 이른바 '나'는 그 성품이 달아나기를 잘하여
드나듦에 일정한 법칙이 없다.
아주 친밀하게 붙어 있어서 서로 배반하지 못할 것 같으나
잠시라도 살피지 않으면,
어느 곳이든 가지 않는 곳이 없다.

이익으로 유도하면 떠나가고,
위험과 재앙이 겁을 주어도 떠나가며,
아름다운 음악 소리로 유혹해도 떠나가며,
새까만 눈썹에 흰 이를 한 미인의 요염한 모습만 보아도 떠나간다.

그런데 한 번 가면 돌아올 줄 몰라 찾아서 만류할 수 없다.

그러므로 천하에서 '나'보다 더 잃어버리기 쉬운 것이 없다.

특별히 다산처럼 극도의 어려움에 처했을 때에만 국한된 일은 아니다. 마음을 지키는 일은 평범한 일상이다. 살아가면서 순간순간 지나침은 없는지, 나를 잃고 있지 않은지 돌아보아야 할 일이다.

잘못을 고치는 것이
잘못이 없는 것보다 낫다

대개 사람의 정서는 매양 잘못된 곳에 대해서는

부끄러움이 분노로 바뀐다.

蓋人情 每於過差處 羞變成怒

개인정 매어과차처 수변성노

_《여유당전서》

《논어》〈술이〉에 공자가 자기 스스로에 대해 이렇게 말했다.

> 인격을 수양하지 못하는 것,
>
> 배운 것을 익히지 못하는 것,
>
> 옳은 일을 듣고 실천하지 못하는 것,
>
> 잘못을 고치지 못하는 것,
>
> 이것이 나의 걱정거리다.

의외다. 학문과 수양의 최고 경지에 이르러 성인聖人으로까지 불렸던 공자가 했던 말이라고 하기에는 너무 기준이 낮은 것 같다. 우리와 같은 평범한 사람이 날마다 반성하는 말이라고 해도 별로 어색하지 않을 정도가 아닌가.

이 글에서 우리는 두 가지에 대해 생각할 수 있다. 먼저 공자가 말했던 하학이상달의 이치다. 제아무리 높은 경지라고 해도 반드시 그 기반은 일상의 성실함이다. 평범한 일상에서 배우지 못하고, 실천하지 못한다면 그 어떤 높은 경지를 자랑해도 헛될 뿐이다. 또 한 가지는 '잘못을 고치지 못하는 것'이다. 날마다 반성과 성찰을 통해 자신을 돌아보았던 공자가 잘못을 고치지 못한다고 했던 것을 보면 잘못을 고치는 일이 얼마나 어렵고, 높은 수준인 것인지를 잘 알 수 있다.

예문은 다산 정약용이 영천군수에게 보냈던 퇴계 이황의 편지를 보고 적은 소감문이다. 맨 처음 문장은 이렇게 시작한다.

예로부터 성현이 다 허물을 고치는 것을 소중히 여겼고,
혹 도리어 '허물을 고치는 것이
애초에 허물이 없는 것보다 낫다'고까지 했으니
이것은 무슨 까닭인가?

그 뒤로는 '대개 사람의 정서는 매양 잘못된 곳에 대해서는 부끄러움이 분노로 바뀐다. 그래서 처음에는 꾸미려고 하고, 나중에는 어그러지게 되니 이것이 허물을 고치는 것이 허물이 없는 것보다 어려운 까닭이다'라는 문장으로 이어진다.

이처럼 사람들은 잘못이 드러나면 먼저 감추려고 한다. 이미 드러난 잘못이라고 해도 어떻게든 막아보려고 한다. 부끄럽기 때문이다. 그런데도 잘못이 드러나면 그럴듯하게 꾸며 변명한다. 그래도 통하지 않을 때는 화를 낸다.

허물이 있는 자신을 부끄러워할 일이 아니라 허물을 제대로 들여다볼 줄 모르는 교만을 부끄러워해야 한다. 허물을 알고서도 고치지 않는 잘못된 자존심, 반성해야 할 일에서 분노로 부끄러움을 덧칠하려는 비겁함, 또는 마음이 상해서 관계를 끊어버리는 무책임함이 마음속 깊이 감추어 둔 우리의 본모습일 것이다.

특히 사람들은 누구나 다른 사람의 잘못은 잘 보지만 자기 잘못은 잘 깨닫지 못한다. '남의 눈의 티끌은 잘 보면서 자기 눈의 들보는 못본다'라는 말이 잘 말해준다.

다산은 예문에 이어서 그 누구도 허물에서 자유로울 수 없다고 말한다. 그리고 허물을 어떻게 대해야 하는지를 가르쳐준다.

"우리들은 허물이 있는 자들이다. 힘써야 할 일 중에 급한 일은 오직 허물을 고치는 일뿐이다. 오만한 마음으로 세상을 보고, 남을 능멸하는 것이 한 가지 허물이고, 기예를 자랑하고 재능을 뽐내는 것이 또 한 가지 허물이다."

다산의 고백은 솔직하고 세세하다.

"영화를 탐내고 이익을 사모하는 것이 또 한 가지이고, 은혜를 입은 것을 잊고 원한을 잊지 않는 것이 한 가지 허물이고, 뜻이 같으면 함께 가고 뜻이 다르면 배척하는 것이 또 한 가지다. 잡서를 보기 좋아하는 것이 한 가지 허물이고, 새로운 견해만을 좋아하는 것이 또 한 가지로 가지가지 결점을 셀 수가 없다."

날마다 스스로를 돌아본 사람, 그 결점을 고치려고 날마다 고민하고 노력한 사람만이 할 수 있는 고백이다.

다산은 둘째 형 정약전을 위해 지어준 〈매심재기〉에서 뉘우침에 대해 이렇게 썼다.

성인이 지은《주역》의 64괘 중 많은 것이 후회와

한스러움으로 괘상卦象을 세웠다.

이를 볼 때, 성인인들 어찌 뉘우침이 없었겠는가.

만약 성인이라고 해서 뉘우침이 없다면

그들은 우리와 같은 부류가 아니니,

무엇 때문에 흠모하겠는가?

만약 잘못을 아예 저지르지 않고 완벽하다면 이미 사람의 차원을 벗어났으니, 흠모할 필요가 없다고 다산은 잘라서 말한다. 제아무리 위대한 성인이라도 사람이라면 잘못을 저지른다. 하지만 그들이 다른 점은 잘못을 즉시 깨닫고 뉘우치며 고치는 것이다.

다산은 "안자顔子를 인하다고 하는 이유는 같은 잘못을 두 번 저지르지 않았기 때문이고, 자로子路를 용감하다고 하는 것은 자신의 잘못을 듣기 좋아했기 때문이다"라고 했다.

그들은 이익 때문에, 자존심 때문에, 사소한 일은 지나쳐버리는 무심함 때문에 잘못을 용인하지 않는다. 이러한 차이가 그들을 위대하게 만든다.

인생에서 성공하고 뜻을 이루는 비결은 얼마나 자기 자신을 솔직하게 돌아보고 잘못을 반성하는 습관이 있느냐에 있다. 그렇게 하면 작게는 함께 하는 사람의 마음을 얻을 수 있고, 크게는 성공을 얻을 수 있다.

마음공부의 끝은
어긋남이 없는 삶이다

마음이 가는 대로 행동해도

법도에 어긋나지 않았다.

從心所欲不踰矩

종심소욕불유구

_《논어》

《논어》〈위정〉에는 공자가 자신의 삶에 대해 말했던 것이 나온다. 나이에 따라 어떤 경지에 이르렀는지를 말하는데, 그 전문은 이렇다.

> 나는 열다섯에는 학문에 뜻을 두었고,
> 서른 살에 주관을 바로 세웠으며,
> 마흔에는 미혹되지 않았다.
> 쉰에는 하늘의 뜻을 알게 되었고,
> 예순에는 말을 듣는 법을 터득했고,
> 일흔에는 마음 가는 대로 해도 법도에 어긋나지 않았다.

이는 공자의 삶을 미루어보면 그 의미를 명확히 알 수 있다. 공자는 어린 시절 지독한 가난에 시달렸지만, 열심히 학문을 닦아 열다섯에는 자신의 소명이 학문에 있음을 알았다. 그리고 서른이 되면서 마음의 중심을 바로 세웠다. 세상을 향해 나아가서 뜻을 이룰 준비가 된 것이다. 마흔에는 어떠한 유혹에도 흔들리지 않는 마음을 가지게 되었다. 마흔은 원래 유혹이 많은 나이다. 그때 그 유혹을 이길 힘은 바로 확고한 신념과 든든한 지식이다.

그다음 쉰에 '천명을 알게 되었다'는 말은 흔히 알고 있듯이 운명이란 사람 마음대로 되지 않음을 알았다는 뜻이다. 아무리 선하게 살아도 고달픈 일을 겪을 수 있고, 악한 사람이 부귀를 누릴 수도 있다. 단지 어떤 처지에 있든지, 선한 일을 하는 것이 나에게 유익함을 알고 잠잠히 때를 기다린다.

예순에는 이순耳順, '귀가 순해진다'는 경지에 이르는데 이 말은 좀 이해하기가 어렵다. 이는《논어》의 마지막 문장, '말을 알지 못하면 사람을 알지 못한다'에서 그 뜻을 미루어 짐작할 수 있다. 험하고 악한 말에도 영향을 받지 않고 마음을 지킬 수 있게 된다는 뜻이다. 말은 말한 사람의 것이므로 내가 그로 인해 상처받을 일이 없다는 것이다.

여기까지 보면 공자의 수행 단계는 모두 마음과 관련되었다. 하지만 직접적으로 마음 심心 자를 원문에 쓰지는 않았다. 단지 수양의 단계에 따른 마음 상태와 그 자세만을 말한다. '무릇 마음에 속한 것은 모두 마음에 따른다'라는《설문해자》에 실린 글이 이를 잘 말해준다. 마음에 속하는 것은 마음뿐만이 아니라 마음에서 비롯된 모든 것이다. 가장 먼저 우리의 감정을 생각할 수 있다. 무언가를 이루고자 하는 의지, 인생의 목적이라고 할 수 있는 뜻도 마찬가지다. 충성忠誠, 성품性品, 공손恭遜 등 마음 심의 부수(忄, 㣺)를 가진 글자는 대부분 사람의 사유와 생각, 감정과 관련이 있다.

《설문해자》는 중국 후한 때의 유학자 겸 문자학자 허신許愼이 지은 책이다. 중국에서 가장 오래된 부수별 자전이라고 할 수 있는데, 《사서삼경》처럼 도덕과 수양을 논하는 책이 아닌, 글자의 유래를 해석한 보기 드문 책이다. 여기서 마음 심은 심장의 모양을 본뜬 상형문자다. 따라서 공자가 공부에 뜻志을 둔 것, 마음의 중심을 바로 세운 것立, 유혹에 빠지지 않는 것不惑, 하늘의 뜻을 알게 된 것知天命, 말을 알게 된 것耳順은 모두 마음에 속하는 일이다.

그리고 공자는 일흔에 '마음 가는 대로 해도 법도에 어긋나지 않는' 경지에 올랐다. 공자가 72세에 세상을 떠난 것으로 미루어 볼 때 그는 생애 마지막 2년간 수양의 최고 단계에 올랐던 것으로 보인다. 그리고 여기에는 마음 심 한자가 직접적으로 들어가 있다.

마음이 가는 대로 행동한다는 말은 어떤 의도나 생각 없이 행동함을 뜻한다. 이를테면 '마음대로' 행하는 것이다. 하지만 공자가 말하는 마음대로는 흔히 말하는 것과는 다르다. 이를테면 욕심대로 취하는 것이나, 다른 사람을 배려하지 않고 마음대로 행동하는 것이 아니다. 한때 유행했던 '카르페 디엠Carpe Diem', 즉 내일을 생각하지 않고 오늘을 마음껏 즐기는 것도 아니다. 공자가 말한 법도란 사람들을 제한하는 법이나 규범이 아니라 도덕적인 규범에서도 벗어나지 않는 상태를 뜻한다. 무엇보다도 자기 스스로를 돌아볼 때 부끄러움이 없는 상태이어야 한다.

맹자는 심지어 "부끄러움을 아는 마음이 없으면 사람이 아니다"

라고까지 말하기도 했다. 공자 역시 "잘못을 고치지 못하는 것이 나의 잘못이다"라고 말하기도 했다.

　어떤 행동을 해도 세상의 법도는 물론, 도덕적인 기준에도 부합하고, 자기 자신에게도 부끄럽지 않은 경지다. 이러한 공자의 높은 경지를 평범한 우리가 단숨에 도달하기란 어렵다. 단지 공자도 칠십 평생을 살면서 많은 잘못을 하고, 그 잘못을 되풀이하지 않으려고 노력했다는 것을 알고 그 모습을 우리가 닮아가면 되겠다. 하루하루 일상에서 자신을 돌아보며 반성하고 성찰하는 삶을 살아갈 때 점차 내 그릇을 높여갈 수 있을 것이다.

부끄럽지 않은 삶을
살기 위해서는

스스로 부끄러운 줄
알아야 한다.

부끄럽지 않은 삶을
살기 위해서는

스스로 부끄러운 줄
알아야 한다.

키워내기

4장

세상을 담을 만큼 넉넉한 성품을 기르기

온 마음을 다하면
실패할 수가 없다

마음을 다하면

뜻을 이룬다.

專心致志

전심치지

_《맹자》

맹자는 사랑과 의로움을 핵심 철학으로 삼은 유학의 계승자이지만, 단순히 이론을 추구하는 학자에 머물지 않았다. 험난한 전쟁의 시대에 고초를 겪는 백성을 돌보기 위해 왕들을 만나 무력이 아니라 인의로 다스려야 한다고 설득했다.

하지만 왕들에게는 그의 고차원적인 철학이 받아들여지지 않았다. 맹자는 많은 왕들을 만나 설득했지만 성공하지 못했고, 그나마 학자적 소양을 갖춘 제선왕도 마찬가지였다. 맹자는 그 이유를 이렇게 말했다.

"제선왕이 지혜롭게 행하지 못하는 것도 이상하지 않다. 비록 천하에 쉽게 자라나는 생명이 있다고 해도, 하루 동안만 빛을 쪼여주고 열흘 동안 춥게 만든다면 자라날 수 없다. 나는 왕을 아주 드물게 뵙는데, 내가 물러나면 왕을 차갑게 만드는 자들이 왕을 자주 만나니 왕이 선한 마음의 싹이 있다 한들 내가 어찌겠는가?"

제선왕은 맹자를 존경했지만, 그의 신하들보다 더 자주 만날 수는 없었다. 따라서 맹자가 한 이야기에 설득당하고 인정했다고 해도 그때뿐이었다. 왕을 둘러싼 신하들이 곧 왕의 생각을 바꿨기 때문이다. '천하를 제패하려면 당연히 무력을 길러야 한다'가 그들의 주장이고, 한계였다. 그 뒤에 맹자는 앞서 했던 이야기와는 다소 동떨어지는 바둑 이야기를 한다.

"바둑이라는 기예는 사소하지만 전심전력을 다하지 않으면 배울 수 없다. 혁추奕秋는 최고의 바둑 고수다. 혁추에게 두 제자가 있었는데, 하나는 전심전력을 다해 혁추의 가르침을 듣는다. 하지만 다른 한 사람은 듣기는 하나 마음 한켠에는 날아오는 기러기를 사냥할 생각만 하니 배우기는 하지만 다른 사람보다 못하게 된다. 그 사람의 지혜가 다른 사람만 못해서인가? 아니다."

조금만 깊이 생각하면 맹자가 왜 이런 예를 들었는지 충분히 이해할 수 있다. 바둑이라는 기예도 온 마음을 다해야 배울 수 있는데, 천하를 다스리는 일에 어찌 마음을 다하지 않고 배울 수 있겠느냐는 이야기다. 제선왕은 비록 다른 왕들에 비해 지혜로웠지만 온 마음을 다하지 않기에 배움을 얻을 수 없었다는 뜻이다.

'온 마음을 다하면 뜻을 이룬다'와 '온 마음을 다하지 않으면 뜻을 이루지 못한다'의 성어에서 우리는 마음의 쓰임에 대한 지혜를 얻는다. 바둑이라는 기예에서부터 천하를 다스리는 일까지, 세상의 모든 일에 같은 이치를 얻을 수 있다. 우리가 무슨 일을 하든지 그것을 이루기 원한다면 온 마음을 다해야 한다.

마음을 다하는 것에 대해서는 공자도 가르침을 주는데《장자》에 이런 이야기가 실려 있다.

공자가 초나라를 향해 길을 가다가 웬 꼽추 노인이 매미를 잡고 있는 모습을 보았다. 마치 길에 떨어진 물건을 줍듯이 매미를 거둬들이는 모습을 보고 공자가 감탄해 물었다.

"당신 재주가 참 놀랍구려! 거기에도 혹시 무슨 방법이 있소?"

"물론 있습니다. 처음 대여섯 달 동안은 매미채 꼭대기에다 알을 두 개 포개어 올려놓고 떨어뜨리지 않는 연습을 하면 매미 잡을 때 실패하는 확률이 많이 줄어듭니다. 그다음 알을 세 개 포개어 올려놓고도 떨어뜨리지 않는 정도면 실패할 확률이 열에 한 번 정도입니다. 만약 알을 다섯 개 정도 올려놓고도 떨어뜨리지 않을 정도가 되면 땅에 있는 물건 줍듯이 매미를 잡을 수 있습니다."

그리고 노인은 말을 잇는다.

"매미를 잡을 때 내 몸은 마치 잘린 나뭇등걸처럼 움직이지 않고 팔은 마른 나뭇가지를 든 것처럼 가볍습니다. 천지의 광대함도 만물의 다양함도 아랑곳하지 않고 오직 매미의 날갯짓에만 집중합니다. 내 머리와 신체는 정지해 조금도 움직이지 않으며 매미의 날개 이외에는 마음을 팔지 않습니다. 그러니 어찌 실패하겠습니까?"

그 말을 듣고 공자가 제자들을 돌아보며 말했다.

마음을 하나에 집중한다면 그 기술이

신의 경지에 이를 수 있는데

이 노인은 이미 그 경지에 이르렀다.

　마음은 쉽게 유혹에 흔들리고, 잡다한 생각 때문에 어지럽고, 많은 욕심 때문에 목마르다. 하지만 이러한 장애를 벗어나 오직 이루고 싶은 목적에 집중한다면 마음은 힘을 발휘한다. 다만 그냥 되지는 않고, 반드시 연습이 필요하다. 바둑의 고수가 수에 집중하듯 매미 사냥꾼이 매미 잡는 연습을 하듯 매일 마음의 수련을 거듭해야 한다. 거기에 반성과 성찰을 덧붙이면 반드시 일을 이룬다.

마음은 불행과 행복이
드나드는 문이다

화가 오는 것도 사람이 스스로 낳은 것이요,

복이 오는 것도 사람이 스스로 이룬 것이다.

夫禍之來也 人自生之 福之來也 人自成之

부화지래야 인자생지 복지래야 인자성지

_《회남자》

마음은 인간의 화와 복을 불러오는 매개체다. 《주역》의 심오한 이치를 말하지 않더라도 마음이 평안한 사람은 행복하고, 마음이 항상 불안하고 두려운 사람은 불행하다. 물론 화와 복의 결말은 하늘에 달려 있다. 하지만 화와 복이 하늘에 달려 있으니 '나'와는 관계가 없다는 운명론을 믿고 자신을 방치한다면 가장 어리석은 일이다. 천명을 얻기 전에 반드시 스스로 노력을 다해야 한다. 그래서 고대의 현인들은 스스로 온 마음을 다해 노력한 다음 하늘의 복을 구했다. 진인사대천명盡人事待天命의 성어가 말하는 바와 같다. 이러한 예는 많은 고전에서 찾을 수 있다. 특히 맹자는 자신의 책에서 이러한 이치를 많이 설파했다.

대표적인 구절이 〈공손추상〉에 실린 "화와 복은 스스로 불러들이지 않는 것이 없다"이다. 그리고 《시경》〈문왕〉에 실린 영언배명 자구다복永言配命 自求多福과 《서경》〈태갑〉의 구절을 인용하여 자신의 주장을 뒷받침했다.

〈문왕〉은 이미 작고한 문왕의 덕을 기리는 시로서 '영원히 천명과 합치되면 스스로 많은 복을 구한다'는 의미를 담는다. 문왕이 보여주었듯 하늘의 뜻에 맞게 정의롭고 바르게 행하면 많은 복을 얻을 수 있다. 맹자에 따르면 복은 스스로 불러들일 수 있을 따름이고 반대로 옳지 못하고 정의롭지 못하면 화를 불러들인다.

《서경》〈태갑〉에 실린 "하늘이 준 재앙은 피할 수 있지만, 스스로 초래한 재앙은 피할 길이 없다"는 성어는 더 실감이 난다. 하늘이 준 재앙은 천재지변처럼 닥쳐온 재앙을 말한다. 인생사에서는 전혀 뜻하지 않은 일로 불행해지는 것이다. 스스로 초래한 재앙이란 자신의 잘못, 즉 나태함, 방탕함, 미혹됨, 시기심 등에서 비롯되는 것이다. 무엇보다도 가장 큰 잘못은 불법적이고 불의한 방법으로 자신의 이익과 욕심을 도모하는 일이다. 이러한 재앙은 반드시 스스로 뼈저리게 돌이키지 않으면 해결할 수 없다.

예문이 실린《회남자》는 서한西漢 초기의 제후 유안劉安이 쓴 책이다. 한 고조 유방의 손자로 회남왕에 봉해졌던 인물인데, 학문을 좋아하기는 했으나 실상은 나라를 통치하는 정치인이었다. 따라서 《회남자》는 그가 직접 썼다기보다는 여러 방면의 학자를 모아서 쓴 실용서에 가깝다. 예문은 그중에 〈인간세〉에 실린 글로 '화복의 이치'를 말해준다. 철학적 관점이라기보다는, 자기 관리와 통치에 도움이 되는 실용적 관점이다.

화복의 이치는 "화와 복은 스스로 자초한 것이다. 복이 화가 될 수도 있고, 화가 복이 될 수도 있다. 고정되지 않았으니 언제든 변할 수 있다. 이러한 이치는 탁월한 사람이 아니면 알 수 없다"는 말로 드러난다. 이 표현은《도덕경》〈58장〉에 실린 "화는 복에 의지하고 복은 화를 품고 있다"와 일맥상통한다.

예문의 앞부분에는 이렇게 실려 있다.

거대한 제방도 개미구멍 때문에 무너지며,

큰 집도 굴뚝의 작은 틈에서 튀는 불꽃으로 인하여 타버린다.

순임금의 훈계에 이르기를,

'전전긍긍하며, 하루하루를 신중히 하라'고 말하였다.

사람은 큰 산에 의해서 넘어지는 일은 없지만,

작은 개밋둑에 걸려 넘어진다.

모두 작은 해로움을 가볍게 여기고

미세한 일을 소홀히 하는 데에서, 후회하는 일이 많다.

개미의 작은 구멍에 의해 큰 둑이 무너진다. 그리고 거대한 건축물도 작은 불씨로 인해 불이 날 수 있다. 이처럼 큰 재앙은 모두 작은 일을 소홀히 하면서 비롯된다. 사람도 마찬가지다. 사소하지만 나쁜 습관으로 인해 인생이 망가진다. 사소한 동전 몇 개라고 생각해 공금에 손을 댄다든지, 심심풀이 화투놀이를 하다가 큰 도박판에 중독됨을 주위에서 쉽게 볼 수 있다.

평범하게 살아가는 사람들은 큰 잘못은 저지르지 않고 살지만 뜻하지 않게, 범죄에 연루되는 경우도 있다. 온갖 범죄자들이 평범한 사람들을 속여 범죄 도구로 이용하는 것이다. 《회남자》에서는 이러한 재앙에서 벗어나기 위해 반드시 올바른 지식을 갖추고 사려 깊은 생각을 해야 한다고 말한다.

지혜가 옳다고 하는 것을 단호하게 실행한다면,
천하에 도달하지 못 할 것은 없다.
이렇기 때문에 지혜로운 생각이야말로 화와 복의 문이며,
움직이고 멈춤이 이해의 중추이다.

평범한 사람이 화와 복의 이치를 깨닫는 비결은 지식과 생각 그
리고 신중한 처신 세 가지다. 이 처신만으로도 내 삶이 바뀐다.

상황을 이겨내는 것은 마음먹기에 달려 있다

44
주

그 누가 황하를 드넓다 하는가?

하나의 갈대로도 건너가는데.

그 누가 송나라를 멀다 하는가?

발돋움만 하면 바로 보이는데.

誰謂河廣 一葦杭之

誰謂宋遠 跂予望之

수위하광 일위항지

수위송원 기여망지

_《시경》

《격언련벽》에 이런 글이 실려 있다. 짧은 글이지만 인생을 잘 살아가기 위한 깊은 지혜가 담겨 있다.

곤욕이 근심거리가 아니라
곤욕을 괴로워하는 것이 근심이다.
영화가 즐거운 것이 아니라
그 영화를 잊어버리는 것이 진정한 즐거움이다.

인생을 살다보면 누구나 고난의 시간을 겪곤 한다. 때로는 고난의 시간이 지나면 영화로운 시간이 찾아온다. 인생은 어느것 하나 고정되지 않고 변화한다. 삶의 지혜를 말해주는《역경》은 바로 이런 이치를 전제로 한다. 한자로 보면 역경易經인데, '변화의 경전'이라는 뜻이다. 인생의 성공은 바로 이러한 변화에 얼마나 잘 대처하는지에 달려 있다. 그 무게를 견디지 못해 무너지는 사람은 실패하고, 고난을 성장의 기회로 삼고 스스로 노력하면 벗어날 수 있다. 큰 성공을 거두었을 때도 마찬가지다. 성공의 달콤함에 젖어 교만하면 또 무너지고 만다.

우리는 가난이나 부요함에 처했을 때 좌절하거나 기뻐한다. 하지만 고난에 빠졌을 때나 영화를 누릴 때나 그 상황에 지배받지 않고 그 상황을 누리며 산다면 지혜롭다. 진정한 고통이나 행복은 주어진 상황이 아니라 내 마음에서 우러난다. 어려운 상황을 극복하는 힘도 마찬가지다. 그 상황에 휩쓸리지 않고 내 마음을 굳게 붙잡으면 언제든 이겨낼 수 있다.

예문은 《시경》 〈하광〉인데 '드넓은 황하'라는 뜻으로 가고 싶은 곳을 가지 못하는 심경을 노래한 것으로 짐작할 수 있다. 하지만 정작 가지 못하는 이유는 황하 때문이 아니라, 무언가에 묶여 있기 때문이다. 여기서 우리 마음을 묶은 요인은 '도리'이다. 이 글은 송나라 임금의 아들을 낳고 고국인 위나라로 쫓겨난 양공의 어머니가 양공을 그리워하며 지었다. 아들이 그리워 송나라로 간절히 다시 가고 싶지만 지켜야 할 도리 때문에 갈 수 없는 마음이 드러난다. 이어진 구절은 다음과 같다.

그 누가 황하를 드넓다 하는가?
조그마한 거룻배도 띄우지 못하는걸.
그 누가 송나라를 멀다 하는가?
아침 반나절에도 가는걸.

위나라에서 송나라는 거리가 멀다. 그 사이를 가로지르는 황하역시 드넓은 강이다. 앞의 구절에서는 강을 건너가기는 결코 쉬운일이 아니지만 마음만 있다면 얼마든지 갈 수 있다. 하지만 뒤의 구절에서 시의 작자는 가고 싶은 절실한 마음은 있지만 다른 제약으로 인해 갈 수 없다고 한탄한다.

시의 앞 구절은 드넓은 황하를 하나의 갈대로 건널 수도 있다고, 설사 송나라가 멀다고 해도 발꿈치만 들어도 볼 수 있다고 말한다. 긍정적인 마음의 힘이다. 간절한 마음이 있다면 아무리 넓고 멀어도 얼마든지 갈 수 있다. 뒤의 구절은 마음의 한계를 말한다. 좀 더현실적인 생각이라고 할 수 있다. 거룻배만 띄우면 갈 수 있지만, 거룻배를 띄울 수 없다면 상황이나 제약을 마음이 이겨내지 못한것이다. 아무리 멀어도 아침나절이면 갈 수 있는 거리를 못가는 것역시 묶여 있는 마음의 한계라고 할 수 있다.

어려운 상황을 돌파하는 일도, 간절히 원하는 일도 모두 마음에달려 있다. 《논어》에는 공자가 이와 관련하여 그 해답을 말해주는장면이 실려 있다.

산 앵두나무 꽃이 펄럭펄럭 나부끼네.
어찌 그립지 않으리요마는 그대 머무는 곳이 너무 머네.

시를 듣고 공자가 말했다.

"그리워하지 않는 것이지, 진정 그리워한다면 거리가 멀 까닭이 어디 있겠느냐?"

진정으로 마음이 원하면 그 어떤 난관도 문제가 되지 않는다.

마음이 진정으로 원한다면
아무리 먼 곳이라 할지라도
반드시 건너갈 수 있다.

하기 싫어도 '할 수 있다'는 마음으로 시작하라

하지 않아서이지
할 수 없어서가 아니다.

不爲也 非不能也
불위야 비불능야

_《맹자》

“할 수 있다!”

스포츠 선수들이 시합을 앞두고 스스로에게 거는 최면이자 확신의 언어다. 2016년 리우 올림픽에서 박상영 선수가 “할 수 있다”를 외치며 대역전극을 만들고, 금메달을 목에 걸던 것이 잘 알려진 예이다. 이 말은 일상을 살아가는 평범한 사람들에게도 유용한 단어다. 어려움에 처했을 때, 꼭 이루고 싶은 일이 있으나 힘에 부칠 때 이 말을 하며 몸과 마음에 힘을 줄 수 있다. 말은 입으로 나오는 마음의 표현이다. 그리고 혼잣말은 스스로에게 다짐하는 마음의 뜻이다. 오직 나 자신만 듣는 말, 그 말에는 강력한 힘이 있다. 내 마음을 나에게 들려줌으로써 세상에 이루고픈 꿈을 구체적으로 실현할 수 있기 때문이다.

예문은 맹자가 했던 말로, 그의 책 《맹자》에 실려 있다. 전국시대 최고 권력자인 제선왕과의 대화에서 맹자는 ‘할 수 있다’의 비밀을 말해준다. 말로써 천하를 설득했던 말의 달인답게 비유와 예시로 이렇게 설득한다.

“어떤 사람이 왕께 아뢰기를 ‘저의 힘은 3,000근을 충분히 들 수 있지만 깃털 하나는 들 수 없고, 저의 시력은 짐승의 털끝은 볼 수 있지만 수레에 가득 실린 땔나무는 보이지 않습니다’라고 한다면 그것을 인정할 수 있습니까?”

왕이 당연히 '할 수 없다'라고 하자 맹자가 이어서 그 뜻을 더욱 상세하게 말해준다.

"터럭 하나가 들리지 않는다면 힘을 쓰지 않았기 때문이고, 수레의 땔나무가 보이지 않는다면 눈을 사용하지 않았기 때문이며, 백성이 보호받지 못한다면 은덕을 베풀지 않았기 때문입니다. 그러니까 왕이 왕 노릇을 하지 못하는 것은 하지 않았기 때문이지 할 수 없어서가 아닙니다."

그 뜻을 명확히 이해하지 못했던 제선왕은 더 상세한 설명을 원했다.

"하지 않는 것과 할 수 없는 것은 구체적으로 어떻게 다릅니까?"

"태산을 옆구리에 끼고 북해를 뛰어넘는 일을 '나는 그렇게 못한다'라고 말하면 그것은 정말로 할 수 없는 일입니다. 하지만 노인을 위해 나뭇가지를 꺾는 일을 '나는 할 수 없다'라고 한다면 그것은 하지 않는 일이지 할 수 없는 일이 아닙니다. 그러니까 왕이 왕 노릇을 하지 못하는 것은 태산을 끼고 북해를 뛰어넘는 일이 아니라 나뭇가지를 꺾는 종류의 일입니다."

앞의 대답과 같은 뜻이지만 좀 더 명확하다. 정말 불가능한 일과 할 수 있지만 안 하는 일의 차이를 분명히 알려주는 비유다. 천하의 권력을 쥔 많은 왕들 중에서도 가장 강력한 힘을 가진 제선왕이 하고자 한다면 얼마든지 할 수 있다는 것이다. 덧붙여 맹자는 유교의 핵심 철학인 '인'의 덕목이 나라의 통치에도 필요하며, 천하를 다스리는 데 가장 바람직하고 효과적이라는 사실을 일러준다. 바로 맹자가 비유를 통해 말하고자 했던 핵심이다.

"우리 집안의 노인을 공경하면 다른 노인에게 미치고, 우리 집안의 어린아이를 사랑하면 남의 어린아이에게 미칩니다. 그러면 천하는 손바닥 위에서 다루듯이 할 수 있습니다.《시경》에는 '아내에게 모범을 보여 형제에게 미치고, 집과 나라를 다스리는 데까지 미친다'라고 했는데, 이는 이 마음을 들어서 저들에게 베풀 따름인 것입니다. 그러므로 은덕을 베풀면 천하도 충분히 보전하고, 은덕을 베풀지 못하면 처자도 보전하지 못합니다. 지금 은덕이 금수에까지 미치면서도 백성에게 이르지 못함은 도대체 무슨 까닭인가요?"

인은 바로 자기 자신 그리고 자기 집안에서부터 시작된다. 말로 아무리 사랑과 배려를 외쳐도 행실이 바르지 못하면 다른 사람을 움직이지 못한다. 맹자는 그 방법과 이치를 이렇게 일러준다.

"지금 왕께서 정사를 베푸는 데 인을 근본으로 한다면, 천하의 뛰어난 사람들이 왕의 조정으로 모이고, 농사짓는 사람들이 모두 왕의 나라에서 경작하기를 원하고, 장사치들이 모두 왕의 저잣거리에서 장사하기 원하고, 여행하는 자들이 모두 왕의 길로 왕래하고 싶어 할 것입니다. 그러면 많은 사람들이 모두 왕께로 나아올 텐데, 누가 그것을 막을 수 있겠습니까?"

맹자가 제선왕과 오래도록 대화하며 때로는 마음을 열게 하고, 때로는 질책하고, 때로는 비유로 깨닫게 하고, 때로는 이론적으로 설명하며 전하고자 했던 결론은 바로 '근본으로 돌아가라'였다. 백성을 사랑하고, 백성의 생업을 보장하고, 부모를 봉양하는 데 부족함이 없게 하고, 그런 다음 백성들을 가르쳐 선한 길로 나가도록 해야 한다는 것이다.

이 대화에서 우리는 무언가를 이루고 싶다면 반드시 몸과 마음이 하나가 되어야 함을 알 수 있다. 마음이 원해도 몸이 실천하지 않는다면 아무리 쉬운 일이라도 할 수 없는 일이 된다. 특히 우리가 불가능하다고 여기는 일 중에는 불가능하기보다는 '하기 싫은 일'이 많다. 공부도 일도 마찬가지다. 게으름이나 과음과 같은 잘못된 습관, 더 나아가 약물이나 도박과 같은 인생을 망치는 치명적인 중독을 벗어나지 못하는 이유도 모두 할 수 없어서가 아니라 하기 싫은 경우다. 이들이 주는 쾌락에서 벗어나기 싫은 탓이다. 외부의 도움이 필요한 병적인 것도 있지만 가장 중요한 것은 스스로 할 수 있다는 자기 긍정이 바탕되어야 한다.

심리학 이론 중에 '작동흥분'이라는 용어가 있다. 설사 처음에는 하기 싫고 의욕이 없더라도 몸을 움직이기 시작하면 점차 몰입하고, 동기부여가 강하게 이루어진다는 말이다. 모든 일은 처음이 가장 어렵고 점차 괜찮아진다. 일단 '할 수 있다'는 마음으로 시작하면 된다.

마음을 읽는 눈은
관찰과 통찰에서 나온다

그 사람의 말을 듣고 그의 눈동자를 관찰하면

사람이 어떻게 자신의 마음을 숨기겠는가?

聽其言也 觀其眸子 人焉廋哉
청기언야 관기모자 인언수재

_《맹자》

"눈은 마음의 창이다"라는 말이 있다. 눈을 보면 그 사람의 마음이 드러난다는 의미다. 심리학적으로 보면 사람들은 무언가를 숨길 때 눈빛이 흔들리거나 시선을 회피하는 행동을 한다. 또한 눈의 움직임을 보면 그 사람이 무슨 생각을 하는지도 알 수 있다. 사람에 따라 조금씩 다르겠지만, 눈동자가 왼쪽 위를 보면 과거를 회상하는 것이고, 오른쪽 위를 보면 본 적 없는 미래를 상상한다는 연구결과도 있다.

이는 말로 하지 않고 행동으로 보이는 비언어적 의사소통의 하나로 볼 수 있다. 연구에 따르면 사람들은 자신의 의사를 표현하는 데 실제로 말로 하기보다는 이러한 비언어적인 방법에 훨씬 더 많이 의존한다고 한다. 연인들이 오랜 시간 말을 하지 않고 서로의 눈만 보아도 마냥 행복한 것이 이를 말해준다. 예문에서 맹자는 이미 오래전에 이러한 현상에 대해 말했다. 〈이루 상〉에 실린 글이다.

사람을 관찰하는 방법 중 눈동자를 살펴보는 것만큼
좋은 것은 없다.
눈동자는 그 사람의 악한 마음을 가리지 못한다.
마음이 바르면 눈동자가 맑고,

마음이 바르지 못하면 눈동자가 흐리다.

그 사람의 말을 듣고 그의 눈동자를 관찰하면

사람이 어떻게 자신의 마음을 숨기겠는가?

여기서 맹자는 사람을 관찰하는 가장 좋은 방법은 눈동자를 살펴보는 것이라고 한다. 특히 그 사람이 선한지, 악한지를 판단하려면 눈이 맑은지, 흐린지를 보면 알 수 있다는 것이다. 이는 숨겨진 내막을 읽는 '통찰력'이라고 할 수 있다.

옛 현인들은 숨겨지고 감춰진 것을 들춰 내어 알고 싶어 했다. 바로 새로운 지식에 대한 열망이다. 특히 '열 길 물속은 알아도 한 길 사람 속은 알 수 없다'는 속담처럼 이들의 화두는 언제나 '사람'이었다.

사람으로서 사람답게 살고, 사람과 함께 세상을 다스리고 좋은 세상을 만들어야 하기에 사람을 아는 일이 가장 중요한 일이었을 것이다. 물론 이는 오늘날에도 마찬가지다. 사적인 관계는 물론, 기업이든 나라든 크고 작은 어떤 일을 하든지 함께 하는 사람이 가장 중요하다. '사람이 어떻게 자신의 마음을 숨기겠는가?'라는 예문의 말처럼 《논어》에도 똑같은 말이 실려 있다. 맹자와 방법은 다르지만 공자 역시 사람을 알고 싶은 열망을 말한다.

그 사람이 하는 것을 보고, 그 동기를 살펴보고,

그가 편안히 여기는지를 보라.

사람이 어떻게 자기를 속이겠는가?

사람이 어떻게 자기를 속이겠는가?

원문에서 '하는 것을 보는 것'은 시기소이視其所以 다. '동기를 살피는 것'은 관기소유觀其所由 다. 그리고 '편안하게 여기는지를 관찰하는 것'은 찰기소안察其所安이다. 즉 잘 보고, 잘 살피고, 잘 관찰하면 그 사람에 대해 속속들이 알게 된다는 뜻이다. 이것을 강조하기 위해 공자는 "사람이 어떻게 자기를 속이겠는가?"라는 말을 두 번씩이나 되풀이한다.

사람을 잘 관찰하는 능력이 생기면 사람의 본성과 속마음을 꿰뚫어보는 능력도 생기고, 누구도 그 앞에서 본심을 감추고 속일 수 없게 된다.

하지만 평범한 우리가 눈을 보거나 말을 듣고 그 사람들의 마음이 바른지, 그른지 정확히 알기는 어렵다. 진나라의 실권자였던 여불위가 편찬했던 《여씨춘추》에서는, 이 힘을 '관찰하는 능력'이라고 표현했다. 눈앞에 있는 사람이나 사물들의 의지와 징조, 표상을 잘 관찰하면 그 내면을 읽을 수 있고, 앞으로 일어날 일을 미리 볼 수 있다는 말이다.

"사람의 마음은 숨겨지고 감추어져 있어서 측량하기가 어렵지만 잘 관찰하면 그 사람의 숨겨진 의지를 보게 된다. 하지만 이러한 능력은 오직 성인들만 할 수 있는데 평범한 사람들은 이러한 능력을 갖추기 어렵다. 그래서 평범한 사람들은 성인들의 통찰력을 보고 요행이라고 생각한다."

하지만 공자와 맹자는 평범한 사람들도 얼마든지 사람의 속마음을 읽는 능력을 갖출 수 있다고 말한다. 물론 이는 비범한 사람들이 발휘하는 종류의 타고난 능력이거나 요행은 아닐 것이다.

상대방의 과거를 보거나 미래를 알 수 있는 신비한 능력은 더더욱 아니다. 다만 현상의 흐름을 읽고, 행동을 세심히 관찰하고, 객관적이고 사심 없는 마음으로 사람을 본다면 그의 실체를 어느 정도 짐작할 수 있다. 그 기반을 쌓으려면 평소에 폭넓은 지식과 사고 능력을 키워야 한다. 그럴 때 통찰력은 점차 배양된다.

통찰력은 그 무엇보다도 지도자 또는 지도자를 꿈꾸는 사람에게 가장 필요한 덕목 중의 하나이다. 단순히 지식만 많다고 해서, 리더십이 뛰어나다고 해서 훌륭한 지도자는 아니다. 오히려 자기 능력을 과신하면 독단에 빠지게 되고, 독단은 자신은 물론 조직 전체를 위험에 빠뜨리게 만들기도 한다. 그렇기에 지도자에게 가장 중요한 덕목은 바로 사람을 제대로 볼 줄 아는 능력이다. 그다음 그 사람의 능력을 최대한 발휘할 수 있도록 만드는 능력이다. 뛰어난 사람을 선발하고, 그의 장점과 능력을 잘 발휘하게 하려면 사람을 꿰뚫어 보는 통찰력이 필수다.

우리는 사람을 알고 싶어 한다. 가까이 사귀는 친구는 물론 직장 동료, 나아가서는 부부나 자식의 속마음도 알고 싶다. 그것을 알기 위해 '속마음을 털어놓으라'고 윽박지르기도 하고 다투기도 하며, 심지어 뒷조사도 한다. 답답한 마음에 그렇게 하지만 바람직하지는 않다. 그때 필요한 것이 바로 사람에 대한 학문인 인문학이다. 그리고 고전이다. 인문고전은 통찰력을 키워주고 내 마음을 맑고 평안하게 지켜준다. 맑고 평안한 마음으로 사람을 볼 때 비로소 그 마음이 보인다.

중요한 일만 하기에도 인생이 너무 짧다

쓸데없는 말과 급하지 않은 일은
버려두고 신경 쓰지 마라.

無用之辯 不急之察 棄而不治
무용지변 불급지찰 기이불치

_《순자》

자로가 죽음에 대해 묻자 공자는 이렇게 대답했다.

"삶도 모르는데 죽음에 대해 어찌 알겠는가."

이 고사에서 공자가 가르치고자 했던 말은 크게 두 가지이다. 먼저 죽음이라는 형이상학적인 문제보다는 삶이라는 현실에 충실해야 한다는 말이다. 이는 공자가 했던 "나는 일찍이 하루 종일 먹는 것도 잊고 생각했지만 무익했다. 배우는 것보다 못하다"는 말과 일맥상통한다. 확고한 지식으로 뒷받침되지 못한 생각은 오히려 공상일 뿐이라는 점이다.

또 한 가지는 '죽음'이라는 명확히 밝힐 수 없는 문제에 매달리는 시간에 더 중요한 일을 하라는 말이다. 즉 인의예지의 덕목을 알고 실천하는 데 온힘을 다해야 한다는 가르침이다. 공자는《논어》에서 몇 번에 걸쳐 비슷한 가르침을 주고 있다.

공자는 괴이한 일, 힘으로 하는 일,
사회를 어지럽히는 일, 귀신에 관한 일을 말하지 않았다.
공자는 이익이나 천명이나 인과 같은
도리에 대해서는 좀처럼 말하지 않았다.

　모두 〈술이〉에 실린 이 글들은 나름대로의 깊은 의미가 있지만, "쓸데없는 말과 급하지 않은 일은 버려두고 신경 쓰지 마라"라는 예문과 관련된다. 물론 이 글들은 '쓸모없는 일'은 아닐 것이다. 오히려 철학적인 관점에서 중요한 의미를 보이지만 답을 명확히 밝힐 수 없는 일 또는 많은 이론적 논쟁이 될 수 있는 일이기에 공자는 이를 다른 사람들과 더불어 토론하고 논쟁하는 학문의 대상으로 삼지 않았다. 공자는 수많은 학문의 대상 중에서 오히려 이 주제는 '급하지 않은 일'이라고 생각했다.

　예문은 《순자》 〈천론〉에 실린 글인데 글의 전문은 이렇다.

전하는 말에 만물이 일어나는 괴상한 일은
써 놓기는 하되 논하지는 않는 법이다.
**쓸데없는 말과 급하지 않은 일은 버려두고
신경 쓰지 마라.**

　순자는 자연 현상 중에서 사람들이 괴이한 일로 생각하는 일들에 대해서는 두려워할 필요가 없다고 했다. 천지의 변화와 음양의 변화는 어느 시대에나 드물기는 하지만 반드시 일어나는 일임을 순자는 명확히 알고 있었다. 그래서 순자는 "그것을 괴상하게 여긴다면 괜찮지만 두려워한다면 잘못된 일이다. 일식과 월식이 생기고 철에 맞지 않는 비바람이 일고 이상한 별이 나타나는 현상은 늘 어느 시대에나 있었던 일이다"라고 말했다. 그리고 사람들 사이에도 이러한 일이 일어나는데, 바로 나라를 혼란에 빠뜨리는 일이다. 순자가 예로 든 사실이다.

"나라의 명령이 명확하지 않고, 나라에서 하는 일이 때를 가리지 않으며, 근본이 되는 농사가 잘 다스려지지 않으면 이것이 사람이 일으키는 변괴다. 철에 맞지 않게 일을 하고, 소가 망아지를 낳고 말이 송아지를 낳는 등 가축에게 요사스런 변괴가 일어나고, 사람들이 예의를 닦지 않고, 내외의 분별이 없으며, 남녀가 음란하고, 아버지와 아들이 서로 의심하고, 외적의 침입이 연이어 일어난다면 이를 사람이 일으키는 요사스런 변괴라 한다. 요사스런 변괴는 혼란으로 생겨난다. 이러한 변괴가 일어나면 나라는 편안할 수 없다."

그리고 순자는 '이러한 변괴에 대한 폐해는 처참하다. 그것은 괴상하게 여길 일이지만, 두려워할 일은 못된다'라고 말하며 그 해법을 말해준다.

"임금과 신하 사이의 의리와 아버지와 아들 사이의 친밀함과 부부 사이의 분별은 날마다 노력하고 실천하기를 게을리해서는 안 된다."

여기서 중요한 일과 쓸데없는 일, 급하지 않은 일이 무엇인지 잘 알 수 있다. 중요한 일은 사람의 올바른 도리를 지키는 일이고 쓸데

없는 일이란 괴이하고 두렵지만 명확히 실체를 알 수 없는 일이다. 공자가 앞서 말했던 바와 같다.

순자가 말했던 이치는 오늘날 시간 관리 이치와 같다. 우리는 정작 중요한 일은 버려두고, 중요하지 않은 일이나 사소한 일에 많은 시간을 보내는 경우가 많다. 중요한 일은 그다지 급해 보이지 않고 사소한 일은 급하게 보이기 때문이다. 이를 잘 말해주는 맹자의 말이 있다.

"칠 년 동안 앓은 병을 삼 년 된 쑥으로 치료한다."

삼 년 동안 쑥을 잘 묵혀두면 병을 고칠 수 있는 약이 되는데, 사람들은 미리 준비하지 못한다. 그래서 삼 년 된 쑥을 얻기 위해 전국을 돌아다닌다. 이미 삼 년 전에 묵혔다면 될 일을 칠 년 동안이나 전국을 돌며 그 약을 구하는 것이다.

맹자는 그 당시 나라를 다스리는 왕들에게 빗대어 이 말을 했다. 스스로 인의에 뜻을 두고 올바른 통치를 하면 나라가 평안하고 백성들의 존경을 받을 수 있다. 하지만 이런 일은 하지 않고 당장 다른 나라를 침공하고, 전쟁을 일으킴으로써 강대국을 만들려는 행동이 어리석다고 본 것이다.

스티븐 코비 박사의 저서 《소중한 것을 먼저 하라》에서는 급한 일에 쫓기지 말고 중요한 일에 집중함으로써 일의 원칙과 근본적인 가치를 명확히 하라고 주장한다. 일의 효율과 성과를 만들기 위해 최선의 방법을 찾을 수 있어야 한다는 뜻이다. 최근에는 심지어 중요하고 급한 일, 중요하지만 급하지 않은 일, 중요하지는 않지만 급한 일, 중요하지도 급하지도 않은 일 등 네 가지로 나눠 놓고 바람직한 순서를 제시하기도 한다. 이런 현상들은 속도에 치이고 일에 쫓기며 사는 현대인들의 모습을 보여준다.

살다보면 별로 중요하지 않은 일, 하지 않아도 될 일 때문에 정작 중요한 일을 놓치고 만다. 그리고 이런 일들로 인해 고민과 근심에 빠진다. 마음에 평안을 잃고 밤에도 잠을 이루지 못한다. 이런 쓸데없는 근심에서 벗어나는 좋은 방법을 이미 많은 고전이 말했다. 바로 중요한 일, 시급한 일에 집중하면 된다. 우리 삶에서 이루어야 하는 일, 세상에 선한 영향을 끼치는 일이 바로 그것이다. 인생은 짧다. 중요하고 시급한 일을 하기에도 시간이 모자란다.

고난을 당하고 있다면
그 의미를 되새기라

우환을 겪어야 살고, 안락하면 죽는다.

生於憂患而 死於安樂也
생어우환이 사어안락야

_《맹자》

사마천은 중국의 가장 위대한 역사가로《사기》를 썼다. 우리나라의 한 역사가는 "삼국지를 열 번 읽는 것보다《사기》를 한 번 읽는 것이 더 낫다"라고 말할 정도로《사기》를 위대한 걸작으로 인정했다. 그 이유는 책의 위대함도 있지만,《사기》를 쓴 사마천의 굴하지 않는 의지와 신념이 위대했기 때문이다.

사마천은 장군 이릉의 패전을 변호했다는 이유로 황제의 미움을 받아 궁형宮刑(생식기를 자르는 형벌)이라는 끔찍한 형벌을 받는다. 차라리 죽는 것이 더 나은 형벌을 당하고도 살아남은 이유는 역사가로서의 소명을 다하기 위함이었다. 아버지로부터 이어져 온《사기》를 완성하기 위해서는 죽음을 택할 수 없었다. 자신의 삶을 쓴 〈태사공자서〉에 실린 글이다.

"옛날 주 문왕은 감옥에 갇혀 있는 동안《주역》을 만들었다. 공자는 진나라에서 어려움에 처했을 때《춘추》를 만들었다. 굴원은 초나라에서 추방되자 〈이소경〉을 지었다. 좌구명은 장님이 되어《국어》를 만들었고 손자는 다리가 끊기고서《병법》을 만들었다. 여불위는 촉나라로 쫓겨가서《여람》을 세상에 전했고, 한비자는 진나라에 갇혀서 〈세난〉과 〈고분〉을 완성했다. 시 300편도 거의 현인, 성인들의 발분으로 만들어졌다. 이렇듯 모두가 한스러운 마음의 소치이며, 그 한을 풀 길이 없어 과거를 돌이켜보고 미래를 굽어보게 된 것이다."

사마천은 위대한 사람들이 역사에 길이 남을 걸작을 완성할 수 있었던 이유는 엄청난 고난에도 불구하고 그것을 이겨내고자 하는 노력이 있었기 때문이라고 보았다. 자신이 《사기》라는 걸작을 완성할 수 있었던 이유 역시 같다고 말했다. 사마천이 역사가이자 작가이기에 위대한 고전을 예로 들었지만 이러한 이치는 특정 사례에 한정되지 않는다. 사람이 행하는 모든 일에는 같은 이치가 적용됨을 맹자가 말해준다.

하늘이 어떤 사람에게 큰 소임을 내려주려 할 때는

반드시 먼저 그 사람의 마음을 괴롭게 하고,

그 사람의 몸을 수고롭게 하며, 그 사람의 배를 굶주리게 하고,

그 사람을 곤궁하게 하며,

무슨 일을 하든 그 하는 일을 어지럽히는 까닭은

그 마음을 움직여 성정을 강하게 함으로써

그 사람에게 부족했던 능력을 더 갖추게 해주려는 까닭이다.

《맹자》 〈고자하〉에 실린 글로 예문과 함께 실린 글이다. 고난에 처한 사람들에게는 큰 힘이 되는 글이다. '고난은 축복의 다른 이름

이다'라는 말이 있듯이, 고난을 거치며 사람은 성장하고 큰일을 이룰 바탕을 단단히 다지게 된다. 고난으로 다져진 인내와 연단이 자신이 꿈꾸던 소망을 이루게 한다. 그 이유를 맹자는 이렇게 말해준다.

"사람은 항상 과오를 범하고 난 후에야 고칠 수 있고, 마음을 괴롭게 하고 생각이 막힌 후에야 분발하고, 고뇌가 낯빛에 드러나고 목소리로 표현된 후에야 깨닫게 된다."

예문에서 "우환을 겪어야 살고, 안락하면 죽는다"라는 이 문장의 맨 마지막에 결론으로 했던 말이다. 맹자는 나라의 흥망성쇠를 두고 이 말을 했지만, 우리 평범한 사람들에게도 깊은 울림을 준다. 지금 상황이 어떠하든, 고난 때문에 힘든 과정에 있든 포기해서는 안 됨을 말한다. 지금은 비록 어렵더라도 앞으로 내가 어떤 일을 할 수 있고, 어떤 성취를 거둘 수 있을지는 아무도 모른다. 만약 스스로 미약한 존재라고 생각하고, 그에 맞게 살아간다면 자신의 가능성을 막는 길이다. 지금 겪는 고난이 견디기 힘들수록 더욱 그렇다. 더 큰 일을 위한 준비와 바탕이 되기 때문이다.

고난을 더 큰 도약으로 삼기 위해서는 반드시 조건이 있다. 먼저 내가 겪는 고난의 의미를 되새겨보는 일이다. 이 고난을 내가 왜 겪는지, 고난이 나의 삶에서 어떤 의미인지를 생각할 수 있다면 비로소 고난은 그 숨겨진 가능성을 드러낸다.

《논어》에는 수이부실秀而不實이라는 성어가 실려 있다. 공자가 수제자 안회의 단명함을 안타깝게 여기며 했던 말이다. 이처럼 자신

의 능력과 꿈을 발휘하지 못하고 중도에 그만둘 수밖에 없는 일이
바로 고난이다. 열심히 노력하고 최선을 다했는데 결실을 보지 못
한다면 사람들은 좌절하고 만다. 만약 어떤 어려움에 처하더라도
완전히 포기하지 않고, 끝까지 뜻을 이룰 수 있다면 그것은 진정한
고난이 아니다. 오히려 더 큰 도약을 위한 디딤돌이라고 할 수 있다.

어떤 이는 태어나면서 알고, 어떤 이는 배워서 알고,

어떤 이는 곤란을 겪어서야 알지만, 그 앎에 이르러서는 모두 같다.

어떤 이는 편안하게 행하고, 어떤 이는 이롭다고 여겨 행하고,

어떤 이는 어렵고 힘들게 행하지만,

성공을 이루는 데 이르러서는 모두 같다.

《중용》에 실린 이 글은 배움과 성공을 추구하는 과정에서 고난
의 의미를 잘 말해준다. 타고난 천성에 따라 방법이나 노력의 정도
는 다를지 몰라도 일단 배움을 얻고 나면 다 똑같다. 성취도 마찬가
지다. 의미와 가치에 차등을 둘 수 없고, 두어서도 안 된다. 오히려
남들보다 타고난 자질이 부족하고, 더 큰 어려움을 겪을수록 그 사
람이 이룰 성공의 가치는 더 높다. 만약 스스로 타고난 자질이 부족
하다고 느끼는 사람이라면, 위의 글에서 큰 힘을 얻을 것이다.

사람에 따라 그 성공 방법이나 과정은 다 다르다. 순탄하게 성공하는 타고난 자질의 사람이 있는가 하면, 어렵고 힘든 과정을 거쳐서 겨우 성공하는 사람도 있다. 하지만 어떤 과정을 거쳤든 성공에는 반드시 필요한 한 가지가 있다. 고난 속에서 스스로 포기하지 말아야 한다. 자기의 타고난 가능성을 믿고, 최선을 다할 수 있다면 이루지 못할 일은 없다. 살면서 겪는 고난은 하늘의 축복이다.

시련 없이 자연이 흘러가지 않듯,
인생 또한 그러하다.

나아감과 물러섬에도
적절한 때가 있다

나아감이 성급한 자는

물러나는 것도 빠르다.

其進銳者 其退速

기진예자 기퇴속

_《맹자》

《논어》〈술이〉에는 공자가 수제자 안회를 칭찬하는 말이 나온다.

"세상이 부르면 정성을 다해 임하고 세상이 버리면 조용히 숨어 지낼 수 있는 것은 오직 너와 나밖에 없을 것이다."

당대의 스승인 공자가 제자를 자신과 동격으로 인정했던 최고의 칭찬이라고 할 수 있다. 안회는 수양에서 최상의 단계인 안빈낙도安貧樂道를 실천하는 경지에 이르렀다는 것이다. 곁에서 이 말을 듣던 다혈질의 제자 자로가 조금 샘이 났던 것 같다. 안회보다 나이도 많고 용맹성이라면 누구도 따를 수 없는 자신의 장점을 내세우며 스승으로부터 인정을 받기를 원했다.

그래서 자로는 자신의 용기를 은근히 자랑하며 공자에게 "만약 스승께서 삼군의 지휘관이 되신다면 누구와 함께 하겠습니까?"라고 묻는다. 자로는 당연히 '너 말고 누가 있겠느냐?'라는 대답을 기대했을 것이다. 하지만 공자의 대답은 칭찬이 아닌, 꾸짖음이었다.

"호랑이를 맨손으로 때려잡으려 하고 큰 강을 맨몸으로 건너려 하면서 죽어도 후회 없다고 하는 자와는 함께 하지 않는다. 일에 임하면 두려워할 줄 알고, 어떤 일이든 신중히 생각해서 행하는 사람, 난 반드시 그런 사람과 같이 갈 것이다."

공자가 자로를 꾸짖었던 이유는 진정한 용기란 무모한 만용이 아니라는 점이었다. 호랑이를 때려잡고 황하를 맨몸으로 건너는 일은 남들이 할 수 없는 일이다. 그것을 보고 사람들이 놀라워하고 대단한 사람이라고 경탄하지만 실상 그런 일은 아무 의미도 없는 일이라는 뜻이다. 자신을 내세우기 위해 아무런 실속도 없는 일을 한다면 용기가 아니라 만용이기 때문이다. 진정한 용기란 두려운 마음으로 일에 임하고 신중한 준비로 차근차근 그 일을 이루어가는 것이다. 일에 임할 때 두려워하지 않으면 그 일을 경시하게 되고 결국 일은 이루어지기 어렵다. 실력 있는 사람들이 실패하고 경쟁에서 패배하는 이유는 모두 이러한 교만 때문이다. 용기란 반드시 겸손을 바탕으로 해야 하고, 만약 그렇지 않으면 반드시 혼란을 일으킨다.

《맹자》〈진심상〉에 실린 예문도 역시 같은 뜻을 가지고 있다. 전문을 보면 이렇다.

그만두어서는 안 되는 것을 그만두는 사람은
그만두지 않는 일이 없을 것이다.
후하게 대접해야 할 사람에게 박하게 대접하면
박하게 대접하지 않는 일이 없을 것이다.
나아감이 성급한 자는 물러나는 것도 빠르다.

이 문장에서 맹자가 말했던 것은 무조건 그만두지 말라거나 누구에게나 후하게 대접해야 한다는 말은 아닐 것이다. 단지 그만두어서는 안 되는 일을 그만두지 말라는 것이고, 후하게 대접해야 할 사람은 마땅히 후하게 대접해야 한다는 것이다. 마찬가지로 언제나 성급해서는 안 되며 무조건 진중해야 함도 아니다. 이렇게 볼 때 여기서 맹자가 말하고자 하는 바는 두 가지로 나뉜다.

첫 번째는 어떤 일이든 하기 전에 정확히 분별할 수 있어야 한다. 반드시 해야 할 일을 그만두지 않으려면 정말 중요한 것이 무엇인지 알아야 하고, 그것을 알았거든 결코 포기해서는 안 된다. 하지 말아야 할 일도 마찬가지다. 맹자는 "사람은 하지 않은 것이 있은 뒤에야 할 것이 있다"라고 했고, "하지 말아야 할 것을 하지 않고 원하지 않아야 할 것을 원하지 않는다"라고도 했다. 이 말들의 전제가 되는 것이 바로 분별 능력이다. 자칫 제대로 분별하지 못하면 반드시 해야 할 일을 하지 않고, 하지 말아야 할 일을 열심히 하는 우를 범할 수도 있다. 그저 열심히 했다고 만족한다면 결국 일을 망치고 만다.

두 번째는 나아가야 할 때와 나아가지 말아야 할 때를 잘 알아서 때에 맞게 행동해야 한다. 일을 하다 보면 시급하게 처리해야 하는 일이 있는가 하면 신중하게 결정해야 하는 일이 있다. 때와 상황을 잘 판단해서 적절히 할 수 있어야 한다. 일을 계획할 때는 신중하게, 객관적으로, 다양한 상황을 면밀하게 검토해야 한다. 섣불리

일을 시작해서도 안 되고, 준비도 되기 전에 마음만 급해서 뛰쳐나가서도 안 된다. 반대로 일에 태만하거나 시급한 상황을 인식하지 못하는 것도 문제다. 치밀한 준비와 과감한 결단 사이에 적절한 균형이 필요하다. 일의 경중과 완급을 정확히 읽는 능력, 이것이 일과 삶에서 승리하는 비결이다.

어른은 어울림 속에서도 소신을 지킨다

군자는 조화를 이루면서도 휩쓸리지 않으니

대단히 강하지 않은가?

君子 和而不流 强哉矯
군자 화이불류 강재호

_《중용》

《논어》에는 "군자는 조화를 이루면서도 같음을 추구하지 않고, 소인은 같음을 추구하되 조화로움은 없다君子和而不同 小人同而不和"라는 유명한 성어가 실려 있다. 이 말은 조화和의 깊은 의미와 놀라운 힘을 말해준다. 만물의 자연스러운 이치인 유유상종類類相從의 한계를 뛰어넘는 더 큰 가능성을 품고 있다.

《주역》〈계사전〉에는 이런 말이 실려 있는데, 유유상종과 비슷한 의미이다.

세상은 비슷한 성질을 가진 것들끼리 모이고,
만물은 무리를 지어서 나뉘어 산다.
길흉이 그로 말미암아 생긴다.

조화란 무리 지은 만물에서 길한 일을 만들어내는 일이다. 한마음 한뜻으로 하나의 목표를 향해가면 일은 반드시 이루어진다. 지도자의 할 일이 바로 그것이다. 사람들을 하나로 모을 수 있어야 한다. 하지만 조건이 있다. 권력의 힘이 아닌 올바른 도덕성으로, 엄격한 규율만이 아닌 동기부여로, 효율만이 아닌 존중으로 이끌어야 한다. 그리고 자유로움 속에서 각자의 창의가 발현될 수 있도록 여건을 만들어줘야 한다. 그때 사람들은 한마음으로 따르고, 함께 놀라운 결과를 만들어간다. 바로 집단이 만들어낼 수 있는 놀라운 힘이다.

《중용》에는 감정에 대해 말하면서 "조화는 천하에 통하는도다"라고 말했다. 그만큼 조화는 개개인의 인생뿐만 아니라 세상사의 모든 분야에서 좋은 결과를 맺을 수 있는 성품이다. 사람의 한계를 벗어난 자연을 움직이는 것도 조화로움이다. 조화가 있기에 자연은 최상의 경지를 만들어낸다.

《중용》에 실린 예문은 조화로움에서 얻을 수 있는 많은 능력들 중 '강함'에 대해 말하고 있다. 원래 이 성어는 공자가 제자 자로를 가르친 고사로 진정한 강함이 무엇인지를 일깨우는 말이었다. 자로는 원래 시장에서 떠돌던 불량배였는데, 그의 사람됨을 본 공자가 제자로 발탁한 인물이었다. 하지만 본래 성품을 완전히 벗어나지 못해 제자가 된 후에도 크고 작은 문제들을 일으키곤 했다. 지나치게 적극적이고 다혈질인 자로의 성향을 고치기 위해 공자가 가르침을 주는 장면이 《중용》〈10장〉에 실린 글이다.

자로가 강함에 대해 묻자 공자는 "남방의 강함이냐, 북방의 강함이냐, 아니면 너의 강함을 알고 싶으냐"라고 되물었다. 이 물음에는 '자네가 알고 있는 강함은 진정한 강함이 아니다'라는 가르침이 담겨 있다. 무력으로 적과 싸우고, 싸우다 죽어도 후회하지 않는 북방

의 강함은 진정한 강함이 아니며, 진정한 강함은 남방의 강함이라
고 말해준다.

"너그럽고 부드럽게 교화하고, 무도한 이들에게 보복하지 않는
것이 남방의 강함이니 군자는 그런 강함에 머문다."

그리고 공자는 군자의 강함에 대해 상세히 말해주는데, 예문에
이어 그 전문은 이렇다.

**군자는 조화를 이루면서도 휩쓸리지 않으니 대단히 강하지 않은가.
중도에 서서 치우치지 않으니 대단히 강하지 않은가.**
나라에 도가 있으면 궁색할 때 지키던 원칙을 바꾸지 않으니
대단히 강하지 않은가.
나라에 도가 없으면 죽음에 이르러서도 원칙을 바꾸지 않으니
어찌 강한 것이 아니겠는가.

여기서 공자는 진정한 강함에 대해 네 가지로 말해준다. 먼저 화
이불류和而不流, '조화를 이루되 휩쓸리지 않는다'는 굳은 의지와 뜻
을 지키는 용기를 말한다. 설사 많은 사람들이 같은 생각을 하고,
같은 행동을 하더라도 분명하게 자기 소신과 생각을 지킨다. 그 기
준은 옳고 그름에 관한 분명한 판단이다. 옳고 그름에 대해 분명한

뜻이 있는 사람은 설사 많은 사람이 따른다고 해도 옳지 않으면 부화뇌동하지 않는다. 하지만 현실적으로 대중의 뜻을 거슬러 자기 길을 가기란 결코 쉽지 않다. 많은 비난을 감수해야 하고, 무리에서 외톨이가 되기도 한다. 따라서 화이불류에는 용기가 필요하다. 공자는 이를 두고 '군자의 강함', 즉 진정한 용기라고 말했다.

'중도에 서서 치우치지 않음'은 어느 한쪽에 치우치지 않는 균형 잡힌 자세, 즉 중용을 말한다. 이러한 중용의 이치는 비단 사람과의 관계에 그치지 않는다. 삶의 모든 순간, 특히 중요한 결정의 순간에 친소親疏에 따르지 않고, 눈앞의 이익과 순간적인 감정에 흔들리지 않고, 오직 바른길을 추구한다. 이런 꿋꿋함은 내면이 강한 사람만이 취할 수 있는 태도이다.

'나라에 도가 있으나 없으나 변하지 않음'은 상황에 따라 변하지 않는 소신을 말한다. 《논어》〈헌문〉에서 제자 자장이 완성된 사람은 어때야 하는지를 묻자 공자가 대답한 말에 있다.

"이익을 보면 의로움을 생각하고, 위기를 보면 목숨을 바치고 오래된 약속이라도 잊지 않고 지키는 사람이라면 완성된 사람이라 할 수 있다."

평상시에는 이익이 아니라 올바른 삶을 추구하고, 나라가 위기에 처했을 때는 나라를 위해 목숨을 걸고, 자기가 했던 말은 반드시 지키는 신의의 사람이 진정한 성인이자 용기 있는 사람이다. 그들은 올바른 도덕성을 기반으로 자신의 삶을 살아간다.

감정과 욕심에서 스스로 절제하고, 많은 세상의 소리에도 굳건하게 자기 소신을 지켜나가는 사람. 하지만 사람과의 관계는 조화와 관용으로 이끌어가는 사람이 바로 중용의 사람이며 진정으로 강한 사람이다.

깨끗한 마음이 있으면 무슨 일이든 이룬다

마음이 맑지 못하면 뜻이 밝아질 수 없고,

마음이 안정되지 않으면 뜻을 크게 이룰 수 없다.

非淡泊無以明志 非寧靜無以致遠
비담박무이명지 비영정무이치원

_〈계자서〉

제갈량이 여덟 살 난 아들 제갈첨諸葛瞻에게 쓴 편지의 한 부분이다. 흔히 '제갈공명'이라고 불리는 제갈량은 유비·관우·장비와 함께 삼국지의 영웅 중의 한 명으로 꼽히는 인물이다. 천하 통일을 염원했던 유비가 제갈량의 처소에 세 번이나 찾아가 간절히 삼고초려三顧草廬했다는 그 고사의 주인공이다. 유비가 그토록 제갈량을 초빙하기를 원했던 이유는 그의 인품과 함께 탁월한 능력 때문이었다. 무엇보다도 그는 치열한 전장에서 탁월한 능력을 발휘하는데, 소설 《삼국지연의》에서 그는 보통 사람으로서는 도저히 가늠할 수조차 없는 초인적인 사람으로 묘사되었다.

소설에서는 천재적인 군사 전략가로 묘사되었지만, 실제로 그의 능력은 숨겨진 진실을 볼 수 있는 통찰력이었다. 그는 자신의 삶에서도 감추어진 비밀을 보는 통찰력을 중시했는데, 제갈첨의 첨瞻이 '보다'라는 뜻을 가진 것에서도 잘 알 수 있다. 아들이 눈앞의 것을 바르게 보고, 숨겨진 사실도 밝히 볼 수 있는 통찰력을 지닌 사람으로 성장하기를 바라는 마음을 담았을 것이다.

제갈량이 아들에게 쓴 〈계자서〉에 그 마음이 고스란히 담겨 있다.

배울 때는 반드시 평온한 마음으로 임해야 하고,

재능을 펼치려면 반드시 배움이 있어야 한다.

배우지 않으면 재능을 넓힐 수 없고,

뜻이 없다면 학문을 이룰 수 없다.

태만하면 정밀한 이치를 깨칠 수 없고,

조급하면 심성을 다스릴 수 없다.

나이는 시간과 함께 달려가고, 뜻은 하루하루 사라져간다.

마치 말라 시드는 고목처럼 세상과 멀어질 것이다.

낡은 초가집에서 슬퍼하며 탄식한들 어찌 되돌아가겠는가.

여덟 살 난 아들이 읽기에는 글의 밀도가 깊고 넓다고 생각될 것이다. 아마 전쟁이 일상인 험난한 세상에서 아들이 앞으로 살아가야 할 삶의 자세를 당부한 글이기에 당연할지도 모른다. 앞에 나온 예문은 이 글의 두 번째 문장인데, 깊은 뜻이 담긴 글이기에 첫머리 글부터 하나하나 살펴보면 의미가 있을 것이다.

먼저 제갈량이 아들에게 당부했던 것은 수양을 통해 올바른 덕성을 세우는 일이었다. 그 바탕은 평온한 마음과 검약하는 자세다. 평온한 마음이 있어야 수양하는 데 흔들림이 없고, 검약하는 마음이 있어야 좋은 성품을 이룬다. 검약하는 마음은 마음이 겸손한 상태도 포함한다. 스스로 부족함을 알고 인정할 수 있을 때 더 나은 자신을 위해 힘을 다하게 된다.

예문은 역사적인 인물들의 좌우명으로도 많이 인용되는데, 특히 우리와 깊은 연관이 있는 안중근 의사의 좌우명이기도 하다. 안중근 의사가 중국 감옥에서 죽음을 앞두고 이 글귀를 휘호로 남겼는데 그 뜻을 알면 문장의 뜻이 더욱 절실하게 다가온다. 참혹한 감옥에서 죽음을 앞두고 담담히 이 글을 써내려갔다는 자체가, 그의 밝은 뜻과 큰 이상을 보여준다. 그 이상을 이루기 위한 바탕으로 담박하고 안정된 마음이 있어야 한다는 사실도 충분히 공감이 간다.

마음이 담박淡泊하다는 뜻은 일체의 다른 잡념이 없이 마음이 깨끗함을 말한다. 마음이 하나의 뜻을 위해 한결같기에 밝은 뜻을 견지할 수 있다. 그다음 마음이 영정寧靜되었다는 말은 고요하고 평온한 상태다. 다른 잡념이 없기에 작은 일에 연연하지 않고, 멀리 내다볼 수 있기에 큰 뜻을 이루어갈 수 있다. 항상 눈앞의 일에 연연한다면 작은 일에도 마음이 흔들리고 끈기 있게 원대한 뜻을 이루어가기는 어렵다.

공자도 같은 뜻을 설파했었는데,《논어》〈위령공〉에 실린 "사람이 멀리 내다보지 못하면 반드시 가까운 곳에 근심이 생긴다"는 뜻이 바로 그것이다. 공자는 평범한 우리도 쉽게 알고 깨달을 수 있도록 좀 더 현실적으로 말해준다.

그다음으로 제갈량이 아들에게 당부한 것은 '공부'다. 아무리 타고난 재능이 뛰어나도 공부를 통하지 않고는 그 재능을 제대로 발휘할 수가 없다.《예기》와《명심보감》에 거듭 실린 "옥은 다듬지 않으면 그릇을 이루지 못하고, 사람은 배우지 않으면 도를 알지 못한다"라는 명문장이 말해주는 바와 같다. 아무리 귀한 보석도 옥공의 손에서 다듬어져야 진정한 가치를 인정받듯이, 사람도 학문에서 배움을 얻어야 자신의 재능을 세상에 펼칠 수 있다. 배울 때는 반드시 성실한 자세로 임해야 한다. 조금이라도 게으름을 피운다면 깊고 정밀한 학문을 이룰 수 없다.

하지만 그 성취에 있어서 조급하게 굴어선 안 된다. 성공하기 위해 조급해하고 작은 이익에 집착한다면 대기만성이 될 수 없고, 큰일을 이루기 어렵다. 학문의 길은 멀다. 삶도 마찬가지다. 눈앞의 일에 조급해하지 않고, 멀리 보고 꾸준히 쌓아 나간다면 반드시 결실을 맺게 된다.

마지막으로 제갈량의 가르침은 '시간'에 대한 통찰이다. 사람이 가진 것 가운데 시간은 세상에서 가장 공평하다. 하루는 24시간으로 주어져 있고, 아무리 뛰어난 사람도 남보다 더 많은 시간을 가질 수 없다. 따라서 인생은 자신에게 주어진 시간을 어떻게 쓰느냐에 따라 달라진다. 주어진 시간을 아껴 쓰고, 때에 맞게 시간을 쓸 수 있는 사람은 후회하지 않는 삶을 살게 된다.

그리고 이러한 삶을 살아가는 데 바탕이 되는 것이 바로 '마음 그릇'이다. 깨끗한 마음과 평안한 마음이 있으면 어떤 상황에서도 흔들리지 않는 삶을 살 수 있다. 그렇게 담대하게 꿈을 이루는 그릇이 만들어진다.

마음공부는 나와
세상을 품는 힘이다

사람의 마음은 신통하여 온힘을 다하면 모르는 것이 없고,
천하 만물에는 이치가 없는 것이 없다.

蓋人心之靈莫不有知 而天下之物莫不有理
개인심지령막불유지 이천하지물막불유리

_《대학》

《대학》에서 가장 잘 알려진 구절은 수신제가치국평천하修身齊家
治國平天下이다. 아마 고전에 대해 잘 모르는 사람이라고 해도 들어봤
을 것이다. 나라를 다스리고 천하를 평안하게 하려는 큰 꿈이 있다
면 반드시 자신을 수양하고 집안을 잘 다스리는 기본을 갖추어야
한다. 이는 바로 '근본'이라는 것인데, 수신제가치국평천하에서 수
신을 위해 수양해야 할 모든 과정이 바로 근본이다.

사람들은 흔히 세상에 나가 입신출세하기 위해 온힘을 다한다.
모든 기회를 활용하고 학연과 지연, 혈연까지 동원하려고 한다. 하
지만 이들에게 근본이 없다면 높은 지위에 올랐더라도 곧 무너지
고 만다. 그래서 《대학》에서는 근본이 바르게 서야 하는 이유를 거
듭해서 알려준다.

만물에는 근본과 말단이 있고,
일에는 시작과 끝이 있으므로,
사물의 선후를 알면 도에 가까워진다.

모든 사물에는 원인과 결과, 시작과 끝이 있다. 세상에서 뜻을 펼

치는 일도 당연히 그렇다. 만약 세상에 펼치고 싶은 큰 꿈이 있다면 반드시 그것을 이룰 수 있는 시작이 필요하다. 그것이 바로 '수신'이다. 도덕성과 학문으로 완성되어 있지 않은 사람은 뜻을 펼칠 수 없고, 설사 요행히 그것을 얻었다고 해도 곧 무너지고 만다. 바닥을 굳게 다지지 않은 건축물이 무너지는 것과 같다.《대학》에서는 그것을 이렇게 말해준다.

천하에 밝은 덕을 밝히고자 하는 사람은
먼저 자기 나라를 잘 다스렸다.
자기 나라를 잘 다스리는 사람은 먼저 자기 집안을 바로 잡았다.
집안을 바로 잡은 사람은 먼저 자기 자신을 닦았다.
자신을 닦고자 하는 사람은 먼저 자기 마음을 바로 잡았다.
바른 마음은 자기의 뜻을 정성스럽게 하는 데 있다.
자기 뜻을 정성스럽게 하려면 먼저 앎이 지극해야 한다.
앎이 지극하려면 사물의 이치를 궁구해야 한다.

바로《대학》의 핵심 이치인 격물치지성의정심格物致知誠意正心과 '수신제가치국평천하'를 풀어준 것이다. 바로 8조목이라고 한다. 여기서 앞의 4조목이 바로 근본이며, 그 다음은 4조목은 말단을 말한다. 근본이 바로 서야 말단이 잘될 수 있음을 말해준다. 여기서 '말단'이란 우리가 흔히 생각하는 '하찮은 것, 지엽적인 것'을 뜻하는 말이 아니라, 근본이 바로 선 다음에 해야 할 일이라는 뜻이다. 만약 근본이 바로 서지 못하고 말단, 즉 세상의 출세만을 추구했을 때 문제가 발생한다.

'그 근본이 어지러우면서 말단이 다스려지는 일은 없다'는 말은 한 마디로 결론이다. 이는 반드시 근본을 바르게 세운 다음에야 자신이 진정으로 원하는 꿈을 이룰 수 있다는 말이다.

《대학》에서는 8단계를 하나하나 밝혀준다. 이유는 각 조목의 뜻을 제대로 알아야 바른길로 갈 수 있기 때문이고 혹여 잘못된 지식으로 가다가는 근본을 흐트러뜨릴 수 있기 때문이다. 그런데《대학》의 원본에는 한 가지가 빠져 있었다. 바로 '격물치지'의 장이다. 원래 있던 것이 멸실되었는지, 애초부터 빠졌는지 분명하지 않지만 후대의 학자들은 감히 이를 건드리지 않았다. 하지만 성리학의 창시자 주자는 이를 그냥 두지 않고 자신의 생각을 덧붙였다. 그 글은 이렇다.

이를 일러 근본을 안다고 하고, 앎이 지극해졌다고 한다. 나(주자)는 대학의 가르침에서 정자程子의 뜻을 남몰래 취해 이를 보충해서 말했다. '앎에 이르는 것이 격물(사물의 공부)에 있다는 말은, 나의 앎을 지극히 하고자 하면 그것은 사물에 나아가 그 이치를 궁구하는 데 달려있다는 뜻이다. (…) 오랫동안 힘을 다하면 어느 순간 하루아침에 환하게 깨달아 모두 알게 된다. 모든 사물의 겉과 속, 정미한 것과 거친 것에 이르지 않는 것이 없게 된다. 결국 내 마음의 온전한 모습과 큰 쓰임이 분명해진다. 이를 사물이 깊이 연구되었다고 하고, 이를 앎이 지극해졌다고 한다.

이 구절의 맨 앞의 문장, '이를 일러 근본을 안다고 하고, 앎이 지극해졌다고 한다'는 원래 경전에서 남아 있던 글이다. 멸실되기 전에 결론으로 말했던 것으로 짐작된다. 주자는 이 글에 덧붙여 '격물치지'에 대한 자신의 생각을 밝혔다. 진정한 지식은 무엇인지, 그것을 위해 어떤 마음가짐을 가져야 하는지에 대해 말했다. 《대학》의 구절에 대해 해설한 것이지만 오늘날 우리가 새겨야 할 점이 많다. 공부에 대한 진정한 뜻과 의미를 알려주기 때문이다. 그리고 무엇보다도 우리가 잊고 있었던 마음의 힘에 대해 깨닫게 한다. 만약 지금 어려움에 처하고, 뜻을 이루지 못하고 있다면 반드시 깨달아야 한다. 하늘은 우리에게 마음을 주었고, 그 마음에는 강력한 힘이 있다는 사실이다. 이러한 마음을 알지 못하고, 제대로 사용하지 못하기에 '어른의 그릇'을 이루지 못하는 것이다.

마음을 바르게 할 때 올바른 공부와 수양을 할 수 있고, 모든 일을 이룰 수 있다. 때로는 마음을 놓쳐 힘들고 어려운 순간을 지나갈 때도 있지만 경청을 통해 겸손함을 배우고, 겸손한 마음으로 더욱 노력할 때 마음의 힘은 제대로 발휘된다. 이것은 《대학》의 앞부분에 실린 글이 잘 말해준다.

멈출 줄 안 다음에야 정해질 수 있고,
정해진 후에야 고요해질 수 있으며,
고요해진 후에야 편안해질 수 있고,
편안해진 후에야 생각할 수 있으며,
생각한 후에야 얻을 수 있다.

마음을 올바른 곳에 잠잠히 두고 고요하고 평안한 상태를 유지할 때 원하는 그릇을 얻을 수 있게 된다. 내 마음을 알고 그것을 닦고 수양해 내 그릇을 완성하고 꿈을 이루어나가자.

어디서든 평온한 마음을
유지할 줄 아는 사람은
이미 지극한 앎에 이르렀다.

사진 출처

4쪽 Photo by Jason Leung on Unsplash. 2018.5.27.

5쪽 Photo by Declan Sun on Unsplash. 2024.5.26.

8쪽 Photo by Glitch on Unsplash. 2023.9.23.

10쪽 Photo by Mathias Reding on Unsplash. 2024.9.7.

15쪽 Photo by Allec Gomes on Unsplash. 2023.4.30.

16쪽 Photo by 五玄土 ORIENTO on Unsplash. 2018.7.19.

55쪽 Photo by Jocelyn Morales on Unsplash. 2022.6.15.

72쪽 Photo by Asep Rendi on Unsplash. 2024.2.4.

98쪽 Photo by ayumi kubo on Unsplash. 2023.9.2.

121쪽 Photo by No Revisions on Unsplash. 2021.2.3.

145쪽 Photo by Ivan Anderle on Unsplash. 2020.8.21.

162쪽 Photo by 360floralflaves on Unsplash. 2024.9.25.

187쪽 Photo by 五玄土 ORIENTO on Unsplash. 2019.2.25.

208쪽 Photo by Yianni Mathioudakis on Unsplash. 2023.8.22.

261쪽 Photo by Cat Han on Unsplash. 2023.8.22.

279쪽 Photo by Matt Botsford on Unsplash. 2023.2.4.

303쪽 Photo by Guillaume Zaracas on Unsplash. 2021.7.16.

326쪽 Photo by Nastia Petruk on Unsplash. 2024.8.27.

사진 출처

나를 비우고 뜻을 채우는 52주간의 마음공부

어른의 그릇

1판 1쇄 발행 2026년 2월 25일
1판 5쇄 발행 2026년 4월 1일

지은이 조윤제
펴낸이 고병욱

펴낸곳 청림출판(주)
등록 제2023-000081호

본사 04799 서울시 성동구 아차산로17길 49 1010호 청림출판(주)
제2사옥 10881 경기도 파주시 회동길 173 청림아트스페이스
전화 02-546-4341 **팩스** 02-546-8053

홈페이지 www.chungrim.com **이메일** cr2@chungrim.com
인스타그램 @chungrimbooks **블로그** blog.naver.com/chungrimpub
페이스북 www.facebook.com/chungrimpub

ⓒ 조윤제, 2026

ISBN 978-89-352-1504-1 03100